自分にタイトルをつけるだけでステージがあがる

自分発見マイ・シンボルコンサルタント
小出直子

みらいパブリッシング

自分にタイトルをつけるだけでステージがあがる　もくじ

Prologue

プロローグ
あなたが変わるのではありません
あなたの「行動と成果」が変わるのです

挑み続けてつくる新トレンド……8
一歩先を楽しむライオン……16

Lesson1

レッスン1
タイトル・マジック

タイトルは素敵な場所に誘うマジックツール……24
タイトルは「タイト」につけるといい？……32
人生のステージによってタイトルは変えるべし……37
私の尊敬するシンボルパーソンからのプレゼントコラム①
他者の人生に向き合えば、必ず今の自分を超えられる　崎本　正俊……39
タイトルは自分と宇宙をつなぐ「近道」……43
名前というファースト・タイトルは、あなたに与えられた使命……50
私の尊敬するシンボルパーソンからのプレゼントコラム②
「志」なき道に成功はない　啓蒙の大樹として　健康を文化に　上野　啓樹……53
タイトルで楽しんでみよう　1日1日をよりドラマティックに！　スペシャルに！……56

タイトルのすごい効用　セルフイメージを上げる！……60
なりたい自分になるためには、まずは「人」を真似ることからスタート！……70
タイトル名人「北斎」参上　名前を変えればステージが変わる？……74
あなたの夢を動かす４つのパワータイトル……77
私の尊敬するシンボルパーソンからのプレゼントコラム③
日本人は遊びが苦手なのではなく、本当の自分を見せるのが苦手なだけ　クリス岡崎……90
タイトル・ワークの手順をまとめておきましょう……94
タイトルのすごい効用　ストレス・モヤモヤ・イライラを儀式の主役にしてみる！……99
私の尊敬するシンボルパーソンからのプレゼントコラム④
生き方に「タイトル」を　自分の「内なる神」の存在を感じ
「神さま劇場を生きてみよう」　飯島　敬一……106

Lesson2

レッスン2
マンダラ・マジック

マンダラの技法で自分の「タイトル」をラクに早く実現する法……112
私は「マンダラ」と不思議な縁があった!?……115
マンダラの「方便」はどの世界にも通用する……121
図形に置き換えることに、どんな意味があるの？……124
私の尊敬するシンボルパーソンからのプレゼントコラム⑤
「大調和」がマンダラの理念　ストレスなんて、くれてやれ！　岡本　光平……129
マンダラは願いを叶える最強のツールにもなる!?……134
ネガティブになりがちなあなたも、マンダラで気分転換……154
自分のマンダラに自分を合わせるマンダラ・ライフの勧め……157

私の尊敬するシンボルパーソンからのプレゼントコラム⑥
マンダラは「宝地図」　明るい未来は「心のトーナメント」でできている　望月　俊孝……159
マンダラやシンボルはあなたの夢を実現する力が生まれる源泉です……163
シンボルは夢を守りあなたを導くアイテム……166
おわりに……168
私たちのタイトル……174
巻末付録　私のステージがあがる魔法のカード

Prologue

あなたが変わるのではありません
あなたの「行動と成果」が
変わるのです

挑み続けてつくる新トレンド

「人間、変われるんですね」

目を輝かせて、私にそう話してくれた田中和彦さん（仮名）。彼と初めて会ったのは、2年ほど前、私が都内に出張したときのことです。

田中さんは都内の外資系の証券会社に営業職として勤め、20代後半で奥さまとお子さんが1人。仕事も充実し、家庭にも恵まれ、有能なビジネスマンでした。

ところが1年ほど前のこと、田中さんは独立起業をめざして会社を辞め、家計はしばらく奥さまの収入に頼ることになりました。もともと資格をもっていた奥さまは、その資格を活かして、倹《つま》しいながらも家計の足しにしていたのです。

2人目の赤ちゃんの喜びと不安

田中さんが会社を辞めてしばらく経ったころ、奥さまのお腹のなかに、2人目のお子さんがいることがわかりました。

田中さんは、喜びながらも、心のなかでは少し複雑な心境だったそうです。

「独立して1〜2年は無休・無給で、なりふり構わずがんばらないといけない時期。それなのに2人目でしょ。新しいビジネスを軌道に乗せるために、いちばんがんばらないといけない時期に子どもや家族の将来を考えると、正直不安ですよ。会社を辞めたことを後悔はしたくないけれど、順風満帆だっただけに、イライラも募ります。なんか、喜びたいけど、喜びきれない……、つらいですよね」

田中さんはいろいろなことが自分の思い通りに進まないことに、少し悩んでいる様子でした。

でも、私は、田中さんの気を揉む姿に構うことなく、

「あら、よかったじゃない。おめでとう」と声をかけ、

「せっかくだから、自分に『タイトル』をつけてみては？」と提案してみました。

私の言葉にきょとんとする田中さん。「**タイトル**」という言い方に、田中さんはぴんときているようでもあり、今ひとつ理解できているわけでもないような、そんな表情でした。そこで私は、

「難しく考えないでね。今の自分を言い表す、わかりやすい言葉をつければいいのよ。『最高にファミリーを愛するナントカカントカの男』なんて感じで」

と、アドバイスしました。すると、

「いつかのオリンピックの標語に『挑み続けるかぎり負けはない』『新境地……夏・冬金メダルへ』という言葉がありましたよね。それはどうかなぁ」

「そうね！　どんどん社会は変わっていくけれど、自分から率先して変えていきたいよね。そのオリンピックの標語をヒントにして、『挑み続けてつくる新しいトレンド』なんてタイトルはどうかしら!?」

と話が弾みました。

タイトルがあれば〝期間限定〟でがんばれる

タイトルを難しく考える必要はありません。タイトルは、その人を示すキャッチフレーズ。**キャッチコピー**と言い換えてもいいのです。

たとえばアントニオ猪木さんは、『燃える闘魂』というご自身のキャッチフレーズがあったからこそ〝アントニオ猪木〟を演じ続けることができたのかもしれません。また、ＡＫＢ48のメンバーにも1人ひとりにキャッチフレーズがあり、自己紹介するときは、そのキャッチフレーズを添えています。

実は、田中さんに「タイトルをつけてみようよ」と提案したとき、もうひとつお願いしたことがあります。それは、期間限定にするということです。

「田中さん、自分につけたタイトルは『**期間限定**』にしてね。人生は長いんだから、自分で決めたタイトルに縛られることなく、楽しく生活することが大事よ」

タイトルに着目すると、隠れた可能性が見つけられる

田中さんが自分のタイトルを考えるようになってから、彼の心の持ちようや行動がみるみる変わってきました。具体的な例を挙げると、詳細な育児ノートをつけ始めたのです。

「1人目の子どもの様子や妊娠中の妻の様子、それに自分が思っていることを書きとめていると、大変だけど楽しくなってくるんですよね。ノートに書きとめることで、だんだん、心も落ちつくんです」

子どもに1日中向き合うということは、女性にとっては当たり前のことでも、男性にはなかなかできない経験です。きっと、田中さんは育児の大変さを、ノートをつけることで直視し、乗り越えてもいたのでしょう。

「少しずつですが、大きな目標に向かって家族と一緒に歩き始めている気分です」

と語ってくれました。

「その調子よ！　田中さんがやっていることは、滅多にできる経験じゃないもの。ひょっとしたら数年後には、そのノートをもとに本を出版したり、パパ向けの育児セミナーをすることになるかもしれないわよ」

思いつきのアドバイスでしたが、田中さんは私の言葉に「**ビジネスのヒントを得た**」と感じてくれたようでした。

田中さんが自分にどんなタイトルをつけたのか、実は私は知りません。なぜなら田中さんにとってタイトルをつけることは、とても大事なことですが、私に伝える必要もなく、私が「もっといいタイトルを」などとアドバイスする必要もないからです。

「次は、家でできる副業的な仕事のメニューをもっと増やしてみましょう！」

私は田中さんに宿題を出すように、アドバイスしました。

タイトルをつけることでより大きな人生設計ができる

田中さんは外資系の証券会社の営業職で高収入を得ていた頃、その仕事に誇りや自信を持っていました。そして現在、会社を離れてみて、いっときは不安にかられたものの、別の生き方に価値を見いだしたようです。

その価値を表現したものが、田中さんにとってのタイトルです。また、期間限定にしたことで、一生、そのタイトルに縛られなくていいという安堵感も、彼に自信を与えたようです。

数千万円の年収を得ているトップ営業マンの知人のなかには、主夫業に専念する田中さんのことを、「もったいないな」と思う人もいるでしょう。けれども、田中さんは、そんな言葉にもブレることなく、自分の考えた道を進むはずです。なぜなら、それは、田中さん自身が「期間限定でこの道を極める」と心に決めているからです。

期間限定のタイトルによって、いったい何が変わると思いますか？　私は、**人生設計の質**が変わると思っています。そして、人生設計はさらに大きくなっていきます。

田中さんは、1人目の子どものオムツは布を使っています。毎日、彼はうんちのついた布オムツの汚れを取り、洗濯して乾かし、せっせとたたむ。その日常を楽しんでいます。きっと、オムツについたうんちを手際よく処理する方法や、季節に応じた布オムツの必要枚数などについても、どんな男性より理解しているでしょう。

そして2人目が生まれたあとは、育児で得たコツやノウハウを立派なビジネスに変えていくかもしれません。

男性の育児参加は、現在、イクメンといった言葉で取り沙汰されていますが、実態は男性による育児が定着するまでの過渡期であることも事実です。

数年後にはその状況も少しは変わってくるかもしれません。そのとき、田中さんはまさに、実体験のともなったイクメンの先駆者になっているでしょう。〝新時代のファミリーリーダー〟として、注目を集める存在になっているかもしれません。

「**挑み続けてつくる新トレンド**」

思いつきからはじまった彼のタイトルが、田中さんの家庭と仕事の将来の**勝利**を暗示しているのかもしれません。

一歩先を楽しむライオン

もう1人、京都で前衛的な書を学んでいる佐藤道子さん（仮名）という知人がいます。いわゆる「書家」と呼ばれるような立場ではありませんが、その腕前は人に教えられるほど。立派な書には多くのファンがいます。

佐藤さんからシンボル・ジュエリーをつくってほしいと頼まれたとき、私はコンサルティングを受けていただいたあと、ライオンをイメージしたシンボル・ジュエリーをつくりました。

佐藤さんは書のほかにも絵画、手芸など、多彩な才能をもっています。けれども、これから何をやったらよいかよくわからなくなってしまったと言います。

そんな要望を受けてつくったのが、ライオンをイメージしたシンボル・ジュエリーでした。これは、コンサルティングの際にうかがったことですが、佐藤さんのご実家の部屋があまっていて、自由に使っていいと母親に言われたものの、考えあぐねているということでした。

私は、佐藤さんにシンボル・ジュエリーとしてライオンをつくったことを踏まえ、「これまで自分が挑戦してこなかった新しい分野に、積極的に挑戦してみては？」と提案してみました。その新しい分野とは、部屋を改装して佐藤さんの作品をギャラリーにし、週2日、カフェサロンとしてオープンするというものでした。

タイトルはあなたを先導する

いわゆるお客さん相手の商売をしたことがない佐藤さんは、最初は「私にできるかなぁ」と半信半疑でした。器用ではあるけれど、その器用さを活かして人前に出るというのは苦手だったのです。

ところが実家のお母さんが、この提案に乗り気でした。佐藤さんのご主人も反対ではありませんでしたが、自分の妻が外に出て仕事をするのはちょっと……と思うタイプ。そんな事情から、まずは週2日から始めるという期間限定を設けたのです。

佐藤さんは、動き出したら実行力のあるタイプでした。その決断力や手際のよさは私もびっくりするほど。早速、実家の空いている自転車置き場を改装し、1週間でお店の名前を決め、佐藤さんのギャラリー兼カフェサロンを始めることにしました。

お店をスタートさせると、欲張らない、前に出過ぎないことも評価されたのでしょう、お客さんの入りもまずますとのこと。

今はお茶やケーキを提供するカフェは週2日だけに限定し、それ以外は佐藤さんのアトリエ・ギャラリーとして利用。仲のよい友だちを集めては、手芸や書を教えるなどして楽しんでいます。

また、嬉しいことに、展示物に興味をもってくれた方から、「今度、うちのギャラリーで個展をやりませんか？」と声を掛けられるようにもなったのだとか。徐々に〝佐藤さんワールド〟が京都の街に広がっているようで、佐藤さんもお母さまも、とても喜んでいます。
彼女も「私にもやればできる！」という自信がついたことでしょう。

自分こそが、自分の人生の主人公

彼女につけたシンボル・ジュエリーのタイトルは「**一歩先を楽しむライオン**」です。

コンサルティングをしてみたところ、彼女から、「自分のなかのウジウジした気持ちを振り払いたい」という思いが強く出ていたので、積極的に攻めていくという思いを表現してみました。また、動きのある言葉のほうが、沈滞ムードにとらわれることがなく、ポジティブに感じられて良いと思ったからです。

「ライオン」というシンボルに行きつく前に、佐藤さん自身が自分のタイトルを考えるワークがあります。私は、

「気持ちを切り替えて、これまでやってきたこととはまったく趣を変えたタイトルを自分につけて、そのタイトルに合うように、物事に取り組んでみるのも新鮮でいいわよ。

佐藤さんは手仕事の能力が高いから、今度はその能力を活かして、楽しみながら活躍するイメージで」とアドバイスしました。

「背中を押してあげれば突っ走れる」というタイプの人がいます。確証はもてなかったのですが、佐藤さんはおそらくそれらのタイプなのだと感じたのです。

彼女はふだんはおっとりとしていますが、やると決めたらやる人です。〝ターニングポイントで潜在能力を発揮する女性リーダー〟という一面を、彼女自身が発見し、**タイトルに導かれるように**私は行動してほしかったのです。

タイトルに導かれれば、チャンスが生まれる

これまでの自分ではなく、「今の自分」「これからの自分」にタイトルをつけてみる。タイトルをつけたことで、田中さんや佐藤さんのように、自分に小さな変化が起こります。その**変化にあらがうことなく変化の波に乗る**ことで、まるであなたがつけたタイトルに導かれるように新しい変化が次々と起きてきます。

その変化の渦のなかにいるあなた自身は変わらぬ存在です。田中さんは田中さんであり、佐藤さんは佐藤さんのまま。ところが、その行動は変わってきます。意識する、しないに拘《かかわ》らず、自分につけたタイトルに、よりふさわしい行動をとるようになってきます。

そして、**行動が変われば、チャンスも多く生まれ、得られる成果も変わって**きます。

あなたの周囲にも、田中さんや佐藤さんよりもっと成功した人がいるでしょう。また、成功とかお金といった尺度を超えて、今、このときに幸せを感じ、充実した毎日を送っている人がいるはずです。

そういう人に共通するのは、今の自分が何者であるか、これからの自分はどうあるべきかを知り、どちらに向かえばよいかを判断し、その判断に自信をもって突き進んでいることです。「今の自分」をまず知ることが、自分に「タイトル」をつけるということなのです。

さあ、あなたも、**望み通りの自分になる**ために、タイトルについての理解を深めていきましょう！

ジュエリーのタイトルと願い①

成功へのセオリーを知る虎

成功へのセオリーを知る虎は人生を達成していく途上、常に反対に出会うもの
しかし、それは、前進するために必要な当然の要素
困難は好転へのチャンス
成功へのセオリーを知る虎は、そこに、いつまでも座り込みはしない
行動し、達成するものである

Lesson 1

タイトル・マジック

タイトルは素敵な場所に誘うマジックツール

タイトルと聞いて、何を思い浮かべますか？　映画やドラマのタイトル、本や雑誌のタイトル――。**タイトルは何か〝スペシャル〟なもの、特別・特定のもの**についていますよね。

タイトルには物語がある

ここではまず、映画のタイトルを考えてみましょう。

映画では、**どんな映画でもタイトルがあるとともに、そこには必ずテーマ**があります。「ローマの休日」とか「ラ・ラ・ランド」「スパイダーマン」「ビューティフル・マインド」など、愛や野心、冒険、貢献などのテーマを映画として描き、それをタイトルとして表現しているのです。

そして、そのようなテーマがあるということは、そこには物語があり、物語があるということは「始まりと終わり」があります。タイトルに合うかたちで物語が始まり、タイトルに合うかたちで物語が展開し、タイトルに合うかたちで物語が終結します。

その終結が感動か驚喜か沈黙か、は映画によってさまざまです。観た人によっても違うでしょう。

物語の終結は「成果」と言い換えることもできます。タイトルを冠したテーマに沿った物語が、喜びや驚き、沈思することなどの成果をもたらす。映画のようにタイトルのあるものは、その成果を内包し、成果に向かって流れるように突き進んでいくものなのです。

ということは、**「あなたのタイトル」は、あなたの夢の実現という成果**へと、あなたを誘ってくれると思いませんか？

タイトルには「舞台」がある

タイトルについては「タイトルマッチ」といった表現もありますね。日本語では「選手権」といった呼び方もされます。そのタイトルを獲得するには、リングやコート、グラウンドに上がらなくてはなりません。

では、タイトルをつけることは、あなたが生きていくうえでなぜ有効なのか。それはタイトルを「つける」ということが、自分が生きていくうえで**「舞台に立つ」**ということになるからです。ここでは「つける」という行為に意味があります。

タイトルをつけなければ、今のあなたは多くの人のなかに埋没したままです。何かを実現したいと思っても、その「何か」を示さなければ、誰も気づいてくれません。誰も気づいてくれなくてもいいと言えばいいですが、自分自身でさえ自分の存在に気づかないこともあるのです。

目標設定に躍起《やっき》になるより、ゴールへの道筋を大切にしよう

「目標をもって、その目標を達成する」という考え方は、ふつうの考え方です。

でも、目標を達成するって大変じゃありませんか？　誤解を恐れずに言えば、この考え方はちょっとストレスフルですね。とくに女性は「目標」という言葉を聞くと、その前で身構えてしまうように思います。

しかもその達成への道のりを考えると、「私って、やっぱりダメだな、できない女だわ」と怖じ気づいてしまいがちです。

私は長年、ファッション関係のデザインの仕事のほか、シンボル・アート・ジュエリーのプロデューサーとして、多くの男性や女性のコンサルティングをしてきました。すると、クライアントのなかには「目標が達成できない」ということに悩んでいる女性も多くいました。

そんな女性たちに会うと、

「そんなに肩肘張って生きなくてもいいじゃない！　あなたの個性の表現としてのテーマや目標、ゴールを、ビジョンや旅路のひとつとして考えたらおもしろいかもよ」

と伝えます。

「目標なんて、大きなことを大上段になって掲げるから『達成できない』と思ってストレスが溜まるのよ。それよりちょっとしゃれたタイトルを今の自分につけて、そのタイトルに沿うような生き方をしていけば、これまでできないと思っていた夢や望みが自然に叶うようになるわよ。そのほうがストレスなく、楽しんで生きられるんじゃない？ストレスフリーに」と、アドバイスをしています。

それは、たとえば、ゴールをめざす旅路でA地点からB地点に行くのには、決まった道を行く必要はあるのかしら？　ということです。本当は、いろいろな道が無数にあるのですから。

タイトルは、自分の知らない可能性にアプローチする

目標設定やその項目にしばられるより、「現時点では『こう思う』けれど、もっといい方法があったらそれを試みますので、よろしくね」と、不確実さを許して強みにしているのが、私が提案しているストレスフリーな「タイトル方式」です。

それは、まだ自分の知らない可能性を大切にすることです。たとえば自分や自分の夢、目標に**タイトルをつける行為は**、**「達成」より「物語」を重視**します。すると、達成にいたる自分の旅のあらゆる出来事、瞬間を楽しむことができます。

どちらかと言うと、**ビジネス的よりアート的**、論理的よりクリエイティブ的、〝しばる系〟より〝**開く・解く系**〟です。自分のなかの無限の可能性を楽しむ「お頼みナビ」を設定する感覚です。

ゴールへの行き方は、自分が持っている古い地図だけでなく、宇宙任せのナビも大事

にしましょうよ、ということです。そのためにもあなたのタイトルは、あなたを素敵な場所に誘うマジックツールになるかもしれません。

マジックツールってなに?

ＭＡＧＩＣとはご存知のように、魔力、魔法、魅力などの意味があります。

「**タイトル**×**曼荼羅**×**シンボル**」

この３つのマジックツールを上手に使うことで、あなたの人生がより魅力を増すよう、魔法をかけ、あなたらしい人生の手助けとしましょう。

私的人生のマジックキーワードは？

MAGIC

Meet Message Motivation	M	出会う メッセージ やる気
Affluence Attention	A	豊かさ、富 注意を向ける
Gratitude Growth	G	感謝 発展
Intention Imitate	I	意図 手本にする
Charity Connect	C	慈愛 つなぐ

タイトルは「タイト」につけるといい？

今の自分に「タイトルをつける」ということは、とてもストレスフリーな状態で自分の夢を実現させる方法と言ってよいでしょう。

でも、せっかくタイトルをつけるなら、オシャレな言い回し、カッコいいフレーズを考えたいものです。

とは言え、私たちはコピーライターや文章家ではありません。ですから、人にウケるタイトルでなくてもよいのです。**自分らしく生きていけるタイトル**であればよいのですから、タイトルをつけること自体がストレスにならないようにしてくださいね。

そもそも、「いいタイトル」や「よくないタイトル」ってあるのでしょうか。

タイトルは、自分の未来像を想定して、今の自分に対してつけるものです。この観点から考えると、タイトルはごくシンプルに、「カッコイイ」「タイト」につけるだけでいいのかもしれません。

「タイト」につける。例えば「矢印形の言葉・動きのある言葉」でモチベーションを上げる

ひとつは〝矢印系〟の言葉です。

「○○に向かう」

「××をめざす」

「△△を求める」

このように、方向性を持っている言葉のほうが前向きでいいですね。

もうひとつは、

「進化、躍動、前進」などの〝動きのある〟言葉。

ですが、これらはいわば私の好みです。そういう言葉でなければならないというわけではありません。

方向性を示す言葉は、自分の未来像に向かっていることを自分自身に印象づけることができます。また、「今、○○を自分のタイトルにしてがんばっているのよ」と、ほかの人に伝える場合も伝えやすいでしょう。

「静けさワード」も「揺るがない心」を示す

一方、〝静けさワード〟も、実はとってもポジティブなものです。

たとえば「静」という文字は、青の横に争うと書きますよね。静けさは、争うという一見、危険な文字を側に置きつつ、青く澄んだ水のような清々しい平静な状態を表わしているように思えます。

「静」は、そのような強くて揺るがない心を表現しているのかもしれません。ですから、静けさワードを今の自分と自分の未来像に用いるのも、効果的なことなのです。

未来を選ぶのがタイトル

タイトルは「今の自分につけるもの」とお伝えしました。もう少し詳しくお話しすると、自分の未来像を見通して、今の自分につけるものということができます。

今の自分と未来の自分を結ぶ。そのような「**ベクトル性**」**のある言葉**がよいのです。違う表現で言うと、停滞でなく、**心躍る人生の方向に向かう**ということです。

ちなみに、私がよく使う言葉に「**脱**」という表現があります。一般にも「脱日常」「脱ルーチンワーク」といった使い方をしますね。

今の自分のちょっと停滞した部分を素直に表現して、そこに「脱」という1文字を加えれば、がぜん躍動感が出てきます。たとえ今がネガティブな状態でも、その自分をしっかりと受けとめたうえで、それを乗り越えていこうという意欲も感じられます。

ただし、どういう方向への「脱」なのかは、自分のなかで内省しておく必要があります。そうでないと、トンチンカンな方向に脱してしまうかもしれないからです。

ちなみに、私は「脱〝平凡〟」というタイトルでこれまで何回もセミナーを開催してきました。以前、仕事でニューヨークに招聘《しょうへい》していただいたときのセミナーも、実は同じタイトルでした。

平凡な日常や立ちはだかる壁を脱却するぞ！　という意欲をもてば、すぐにでも新たな地点に向かえそうな気持ちになります。

のちほど、「脱」を使ったタイトル・ワーク（動・脱・超・遊）を紹介します。気負わず軽い気持ちでトライしてみてください。

人生のステージによって
タイトルは変えるべし

「オッサンも変わる。ニッポンも変わる」
以前、こんなCMのコピーがありました。タイトルも同じ。変わっていいのです。**あなたが変われば、世界も変わる、変わっていくことは使命だ！** くらいに思い、タイトルは「期間限定」。人生のステージによってタイトルは変えていきましょう。

「期間限定」は女性の知恵？　女性は「期間限定」が大好き！

男性はステージ別のタイトルを選ぶ必要はあまりありません。けれども、女性は結婚、出産などで次々とステージが変わっていきます。

そのため、期間限定という感覚に、男性より慣れているでしょう。

女性は、その時々でステージに上がり、主役を演じます。「必要は発明の母」と言いますが、その時々でステージに上がる必要性が、すべての女性を天才女優にしているのかもしれません。

女性たちは、大変さを楽しみながらも必死に、その時々のステージに見合う、自分独自のスタイルと内面からの応援の声を探しているのかもしれません。

だから、私は声を大にして言います。

「がんばれ、天才女優の女性たち！」

私の尊敬する
シンボルパーソンからの
プレゼントコラム

＝ 1 ＝

他者の人生に向き合えば、必ず今の自分を超えられる

崎本 正俊

人は、いろいろな悩みや問題を抱えて生きています。けれども悩みや問題を作り出しているような状態では、解決はできません。

解決するためには問題をつくり出している自分を超えないといけません。

問題をつくり出している自分を超えることを「成長」というのなら、そこにはスピード

も求められます。

スピードをもって悩みを解決し、今の自分を超えていくためには「他者の人生に本気で向き合う」ことが必要です。なぜなら「自分のために」自分の人生に本気で向き合うのではなく、「誰かのために」本気で向き合うことが、自分を超えていくためのパワーになるからです。

自分を超える秘訣は、誰かのために本気になること。同じ悩みや問題を抱える誰かの人生に本気になって関わってみましょう。

そして、その誰かの悩み、課題を解決してあげることができれば、自ずと自分の悩み、問題も解決できていることに気づくはずです。そのとき、自分がこれまでの自分を超えた存在になっていることに気づくでしょう。

ところが、つい自分のことでいっぱいになっていると、自分の悩みや課題が解決できないままなのです。

しんどいとき、つらいとき、大変なとき……。そんなときこそ、全力をつくして他者に向き合いましょう。

人のためにやっていることが、自分を成長させることにつながります。そのときに初めて、これまでの、自分を超えた自分に気づくことができるでしょう。

Profile

大学卒業後、年収3000万円を超えるトップセールスマンとなるも、その後どん底に。「人と本気で関わる」ことの重要性に気づき、ビジネスコンサルタント業をスタート。原点に立ち返る。人柄と実績が評判となり、現在は起業家として自身のアカデミーを全国で発足。多方面で活躍している。

ジュエリーのタイトルと願い②

女神の唇

唇は扉
賢い扉
キュートな扉
セクシーな扉
優しさの扉
扉が開けば、心が開かれる
心が開かれると、人と人は結ばれる

タイトルは自分と宇宙をつなぐ「近道」

自分の心の声に従えば、いつでも幸せ。
宇宙の声に従えば、どこへでも行ける。

さあ、「人生のタイトル・ワーク」の扉をノックして、**本当の自分が何者か**を探してみましょう。

「私は私のなりたい自分になる」。まずは、その扉をノックしてみましょう。

……なんて、いきなりそんなことをいわれても、何から始めたらいいかわかりませんよね（笑）。では、まずアイデアをひとつ紹介しますね。

心理学者ユングの『元型論』です。日本語訳も出ていますが、内容がとても難解なので、ここですべてを説明することはできません。そこで、私の理解している範疇《はんちゅう》でいくつか紹介します。

人間の「元型（アーキタイプ）」とは何か

「自らの内面にいる神や女神の胎児と連絡をとり、この世の中にきちんと生き出さないかぎり、いつまでたっても平凡な人生から抜け出せない」

これは、古代インドの聖典『ヴェーダ』の言葉です。

小出直子流に言えば、**元型とは「インナーカリスマ」**「私たちの心に宿っている英雄や女神の種・スピリット」「**大いなる自己**」のことです。

尊敬するスピリチャル・リーダーで医学博士のディーパック・チョプラによると、私たちすべての人間の内部には、中心となるテーマや、自分が惹かれる英雄的な生き方のモデルがあるとされています。それが「元型（アーキタイプ）」だそうです。

インドのヴェーダ哲学風に言えば、「内面の神」「女神の胎児」といったことになるでしょうか。

「元型（アーキタイプ）」とは、どんな人の心のなかにもある「古代から伝えられてきた要素」のことです。そのひとつとして、ユングは「太母（グレートマザー）」という存在を挙げています。どんな人の心のなかにもある、古代から伝えられてきた要素としての母性です。

それをかたちで表現すると、ふっくらとした「土偶」や、すべてを愛で包み込む「聖母マリア」のようなイメージになるでしょう。ふくよかな姿、命を生み出す優しさに満ちあふれたイメージです。

もうひとつ「父性」の元型もあります。ユングは「老賢人（オールドワイズマン）」という存在を挙げています。これも、どんな人の心のなかにもある、古代から伝えられてきた要素のひとつで、「偉大な力で私たちを教え導いてくれる」イメージをもっています。

そしてユングは「太母（グレートマザー）」や「老賢人（オールドワイズマン）」といった、元型のさらに奥に「自己」という元型が潜んでいると考えていたのではないでしょうか。それは、「心の中心」と言い換えてもいいのかもしれません。きっと、心の中心がしっかりしていれば、自分の人生に意味をもたせることも、自分らしく生きることもできる、ということなのでしょう。

元型には、そのほかに「アニマ」や「アニムス」という存在もあります。アニマとは女性的な要素をもつ元型で、男性のなかにあることで女性を理想化でき、アニムスは、男性的な要素をもつ元型のことで、女性のなかにあることで男性を理想化できるとしています。これは、異性を異性として感じ、受け入れられる心といってよいのかもしれません。

元型は魂とともに、宇宙へもつながる

ユングの元型論を私なりに解釈すると、

「**自分のインナーカリスマ、スピリットとつながりなさい**。そうしないと、自分らしくはならないよ。なぜなら人間は植物と違って、意識的に生きないと種は育たない。変わ

らない」

ということになるでしょうか。放っておいては、大樹にはなれないのです。

ある一定の条件が整っていれば、植物はそのなかで精いっぱい成長し、花を咲かせます。小さな苗木も大きな樹になり、数百年ののちに大樹にもなります。

しかし、私たち人間は勝手に、大樹になれないのです。

以前、私は、誰でも歳を重ねていけば、賢い人や優しい人になれると思っていました。でも、私は十分に歳をとったけれど、「えっ、これが今の私？」と思うほど、賢い人、優しい人にはなれていません。

周囲を見渡しても、いつまでも成長していない人もいれば、反対に魅力が増して、輝いているなぁ、素敵だなぁ、と思う人もいます。

では、どうすればいいのでしょうか？

先ほど、「女性は天才女優である」と言いましたが、もっと言えば、

「女性はみんな女神である」

「男性はみんな英雄である」

のです。けれども、意思と意図をもたない限り、これらになることはできません。

私たちのなかには、みんな世界遺産のような大樹になる種・芽があります。わかりやすく言うと、

「自分の理想の私」

「私がなりたい自分」

ということだと思います。

なりたい自分にしっかりと目を向け、進むと決めていきましょう！ そうすれば、あなたは、大物にも英雄にも女神にも水のようにも……。そして、大樹にもなれるのですから。

「インナーカリスマ」を好きなように考えてみましょう！

「さあ、みなさんもユングのように『人生のタイトル・ワーク』を進めましょう！」

こう呼びかけても、みなさん、きょとんとするはずです。だって、当の私自身、きょ

とんとしてしまうのですから（笑）。

みなさんも私も、ユングという心理学者が人生を賭けた人間とその心理の探求に、すぐに近寄れるはずがありません。

けれども、そういう考え方をしていた偉人がいたことを知ったうえで、「今の自分」と「自分の未来像」がどのようなものかを考えることは大切です。

女性であれば、本来の女性らしさを大事にしたい人もいるでしょう。さらに、女性の肉体面、精神面、霊的な面、知性など、どの部分を大事にしたいかも、人によって異なるはずです。

その逆に、男性的なものを大事にしたい人もいるでしょう。その場合も男性のどんな面（たとえば力、行動、言葉、意味づける力など）を大事にしたいかは違うはずです。

そのようなことを考えながら、今の自分と自分の未来像に思いをめぐらせてみるとよいでしょう。

名前というファースト・タイトルは、あなたに与えられた使命

みなさんの名前は、ほとんどがあなたのご両親や祖父母が名付けてくださったものだと思います。名前には、ご家族のあなたへの愛と祈りが込められています。いわば「**与えられたファースト・タイトル**」といえるかもしれません。

ご両親があなたの名前を考えるとき、「こんな子になってほしい。こんな人生を生きてほしい」と思い、あなたへの愛や夢・希望が「名前」になったのです。つまり、名前はいただいた愛と祈り。名前は与えられた使命。だからこそ「与えられたファースト・タイトル」なのかもしれません。

さて、1人ひとりの名前をひも解き、解釈して示すことは、この本ではいたしませ

ん。ですが、あなたの名前に込められている愛や使命やパワーをご自身でもう一度見いだして、あなたの「タイトル」の一部として使ってみてください。それは、とても**力強く、愛に満ち、あなたらしい人生へと導いてくれる**はずです。

「イチロー」というキャッチコピー

名前とタイトルで象徴的なのが、日米のプロ野球で大活躍している「イチロー」選手です。コピーライターの糸井重里さんが書かれた本（ＢＲＵＴＵＳ特別編集２０１２年４月より）の中に、「イチローのキャッチコピーは『イチロー』」といった記述がありました。

「ある日、オリックスの監督だった仰木さんが、みんなが『鈴木』って呼んでいた選手の〝グラウンド・ネーム〟を『イチロー』に変えた。そのとき、『本当の舞台』が用意されたんだと思うんです。だから、イチローのキャッチコピーは〝イチロー〟なんです。『イチロー』という名前には全部入っています。イチローの『イチ』は１です。順番の1番でもあるし、1人の1でもある。『ロー』というのは男の子です」

このような内容だったと記憶しています。**「本当の舞台」へのキャッチコピーが「イチロー」だった**というエピソードです。

「イチロー」の名ゼリフをひとつ紹介します。

「ぼくに誇れるものがあるとすれば、難しい局面に陥ったときも、必ず自分で決めてきたということ」

では、あなたも「誇れる自分へのタイトル」を考え、決めていきましょう。

私の尊敬する
シンボルパーソンからの
プレゼントコラム

2

「志」なき道に成功はない 啓蒙の大樹として健康を文化に

上野 啓樹

僕が自分の人生にタイトルをつけるなら「志」です。自分が何のために生まれ、何のために生きているのか。その行動指針となるのが志だからです。

志とは「こうしよう」と心に決めたことを行動に移していくことですが、決めたことをやり抜くから自信がつき、たとえ途中で心が折れそうになっても、志さえあればまたやり直せる。志なき道に成功はない。ですから、僕は志をとても大切にしています。

さらに、その志にタイトルをつけるとしたら、「啓蒙の大樹」です。これは「啓樹」という名前の由来ですが、啓蒙とは無知の人を啓発して正しい知識に導くことで、大樹とは大きな木ということです。

今、僕が携わっている仕事は、まさに名前のとおりで、ダイエットアカデミーや著書を通して、世の人々に心と体が健康になることの大切さを説いています。ただ体重を落とすだけのダイエットは、本当のダイエットではありません。ただ減量しただけでは不健康が待っています。また、いくらスタイルがよくてもクヨクヨしたり、不安があるようでは、心が不健康です。

真のダイエットとは「心も体も健康になること」です。

昔は皆、家で生まれ家で死んでいきました。しかし現代の日本では、病院で生まれて病院で死んでいきます。平均寿命は延びましたが、健康寿命は昔のままです。60歳を過ぎて病院や薬のお世話になっていない人はゼロに等しく、皆、病気で死んでいくのは仕方ないと思っています。これだけ医療や医学が進歩しても、健康な人はなかなか増えません。

大切なことは自己管理です。

そういう視点を踏まえて健康を文化にする！　それが私の志であり、仕事です。

オーバーな言い方をすれば、タイトルをつけずに人生を送るのは、ヘッドライトをつけずに夜道に車を運転するようなものではないでしょうか。あなたがまだご自身の人生、仕事、夢や目標にタイトルをつけていないのであれば、僕のような方法で、考えてみてはいかがでしょうか。

そのうちに、方向性や軸のようなものが見えてくるはずです。僕はこれから、人生で大切な仕事、家族、健康、お金、趣味、自己啓発、財産と、それぞれのテーマを考えてみたいと思います。

Profile

公務員時代に生活習慣の乱れから激太り。栄養士やジムで指導を受けたが、ただ痩せるだけの不健康な減量であると気づき、「心も体も健康になるダイエットプログラム」を確立。２０１３年にダイエットアカデミーを開校し、現在、全国で展開中。

タイトルで楽しんでみよう
1日1日をよりドラマティックに！
スペシャルに！

「**おはようございます！**」

朝の何気ないひと言。あなたは、今まで、何度「おはようございます」と言ってきたでしょうか。何万回？　何千万回？　数えきれない回数だと思います。

では、もう一度

「おはようございます！」

朝のあいさつと同じように、ルーティンな日常に、ちょっとタイトルをつけるだけで、今日という日が輝き始めます。

「今日のタイトルは何にしよう？」

今日という日のタイトルは？

・楽しい1日
・ラッキーデイ
・奇跡の日
・運命の人に出会う日
・壁を乗り越える日
・ちょっとぜいたくを許す日
・がまんの日
・穏やかな態度を演じる日
・早起きの日
・ひとりを楽しむ日
・ワイワイガヤガヤの混乱をおもしろがる日

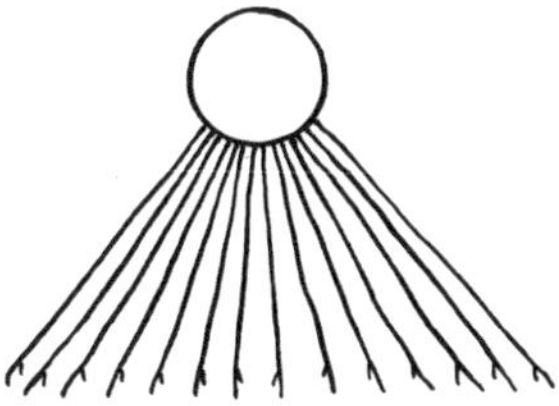

そう思うだけで、ワクワクとスペシャルな1日が訪れると思いませんか？

古代の人も現代の人も、
今日という日は「Lucky Day」

こちらの絵を見てください。

古代エジプト語の象形文字『ヒエログリフ』です。この絵の意味は、「Lucky Day」（幸運な1日）。太陽ビームが地上に降り注いでいるイメージが描かれています。この絵は紀元前2000年頃のものですが、古代人もこの絵を見ながら「Lucky day」と呼んで幸運を祈ったようです。私たちも1日1日をタイトルでスペシャルな日にしていきましょう。

1日にタイトルをつけることの目的は、何かを達成するということより、1日の質を上げることにあります。今日は、こんな1日のテーマで過ごそう！　こういう気持ちを大切にしよう！　そんな**自分への動機づけ、アファメーション**（ポジティブな口ぐせ）の役割を果たします。

私は、1~0、つまり10日分のタイトルをつけた文章を、はじめに数字の意味としてつくり、それを日めくりカレンダーにしています。とても簡単につくれるうえ、効果も高いので、みなさんもぜひやってみてくださいね。

数字を使ってタイトルに

1 始まる
今日は種まきをします。素敵な未来の可愛い種を！

2 一緒に
今日は誰かと手をつなごう
ニッコリ笑顔をプレゼントします

3 続けます
今日は、あきらめない日
ほら、夢の芽が出てきたよ。嬉しいな

4 きちんとなる
わあ！　形になってきた。よい日です

5 遊ぶ。冒険
自由に冒険ね。自分を主張ＯＫの日
自遊になれば、変化が早いよ！

6 結ぶ
今の自分を受け入れる
欲しいものは自分のなかにある。今日の私は素晴らしい

7 進む
今日は進化する日。停滞ナシ！

8 無限大
自分を信じて。宇宙を信じて
自分と宇宙はいっしょに拡大

9 手放す
放せば手に入る

0 成幸
私の「やりたい」が叶う成幸の日

タイトルのすごい効用
セルフイメージを上げる！

タイトルの効用のひとつに、「セルフイメージＵＰ」があります。なぜ、セルフイメージをアップさせる必要があるかというと、多くの方が自己評価を低くしているからです。**低いままでは人生は変わりません。**

そこで、意識的に自分のセルフイメージをつくり変えていく必要があります。

平凡なセルフイメージを、意志とパワーを持った新しいセルフイメージに変える

次ページのように、自分で自分を凡人（他者との違いや自分の独自性がわからない

凡人に留まる人生

・可能性が少なくなる
・理想・夢が小さくなる
・ありふれた（ルーティン）日常生活から脱却できない
・進化・発展・変化の意志の少ない人にならざるを得ない

新しい人生

平凡なあなた

VS

パワーと個性の光るあなた

平凡なセリフ

VS

パワーのあるセリフを語るあなた

平凡な資質

VS

（武器を持つ）

パワフルで、資質・才能あなた

人〉とみなしていると、文字どおり凡人に留まる人生を送ることが多くなります。

そのため、「平凡セルフ像」を、自分の意志とパワーを持つ「新しいセルフ像」に、どんどんアップデートすることが必要です。

この本の目的のひとつは、「心が躍る人生」を手にすることですから、タイトルの効用を理解し、方法を身につけて、平凡セルフ像を脱しましょう。この本で私が一番伝えたいのは「私は、私がなりたい自分になる」ことです。

女性は輝きたいのに輝くのが怖い？

私はコンサルティングの仕事をしていますが、あるとき女性のお客さまからこんなことを言われました。

「本当のことを言うと、どっちにしたいのかわからないのです」

「えっ？　なにが？」

「自分をもっと自分らしく見せたいのか、それとも、能力があるように見せたくないのか。能力があるように見せてしまったら、友人が離れていってしまう気がして……」

その言葉を聞いたとき、私はこう言いました。

「能力はどんどん見せてくださいね。当然でしょ。それでもし周囲の人が変わってしまうなら、そんなの変わらせればいいのよ。**あなたが変われば、世界も変わる**。そうすれば当然、友だちも変わる。ある人は去っていき、別の人が来る。でも、それでいいじゃないの」

私の言葉に、彼女はほっとしたような表情を見せました。

プロローグの言葉をもう一度、紹介します。

あなたが変わるのではありません

あなたの「行動と成果」が変わるのです

この女性のように、なりたい自分、理想の自分になりたいと思いながらも、私たちは自分の人生を輝かせることに少し抵抗感をもっているものです。なぜなら、世の常識に、みんなあまり抵抗したくはないから。

「ありのまま」も自分らしさという意味では良いですが、「このまま」でいい、わけではありません。せっかくの才能、能力は、大きく育てて、社会にどんどん出していったほうが絶対に良いのです。

あなたらしい冒険が始まる！

タイトルをつければ、とたんにセルフイメージが上がります。まだ、何も変わっていなくても上がるのです。これは、私のコンサルティングの経験からもいえることです。

なぜ、セルフイメージが上がるのか。それは、**タイトルがつくと自分が〝MY STORYの主人公になる〟**からです。

タイトルは自分のセルフイメージを上げて、自分の夢を形にしていくためのツールのひとつです。

しかも、タイトルをつければ、タイトルに合った物語が生まれます。物語にはゴールがあって、ゴールできれば現在から未来に向けての動きが生じ、その流れに乗って進んでいけるということです。**あなたらしい冒険が始まって、平凡だった日常の流れが変わ**

るのです。

特別なものには、印象的で素敵なタイトルがついています。「何者かであるあなた」に素敵なタイトルが必要なのです。

もう、友達が去るのが怖いから、とか、目立つと嫌われるからといって、能力を隠すあなたにさよならしてくださいね。

タイトルづくりには、いろいろな方法がありますが、次のページでは「変化バージョン」を紹介しましょう。〝未来先取り型〟のパターンで、ゴールのイメージが肝心です。

あなたは、**女神**にも**英雄**にもなっていいのです。遊び感覚で、なりたい自分のタイトルをつけてみましょう。

タイトルはひとつとは限りません

何度も繰り返します。タイトルはたくさんあっていいのです。なぜなら、あなたの未

変化バージョン“未来先取り型”のタイトルのつくり方

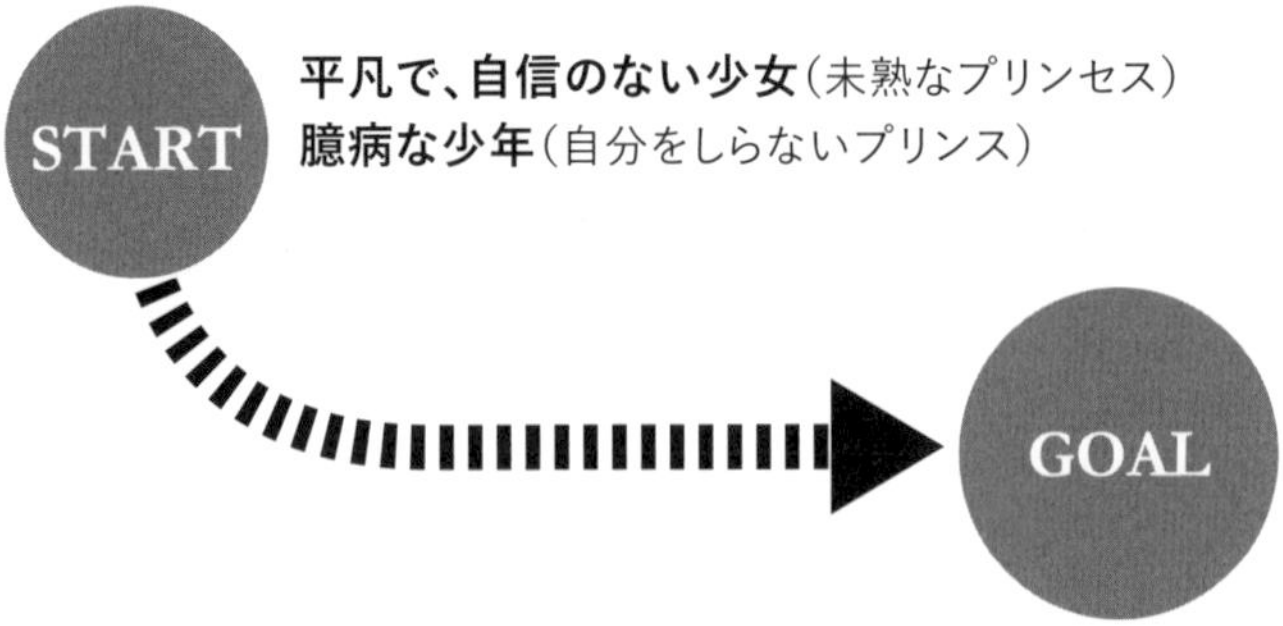

平凡で、自信のない少女（未熟なプリンセス）
臆病な少年（自分をしらないプリンス）

自由で魅力的なシンガー（エンターティナー）
勇気をもって不正に立ち向かう刑事（勇者）

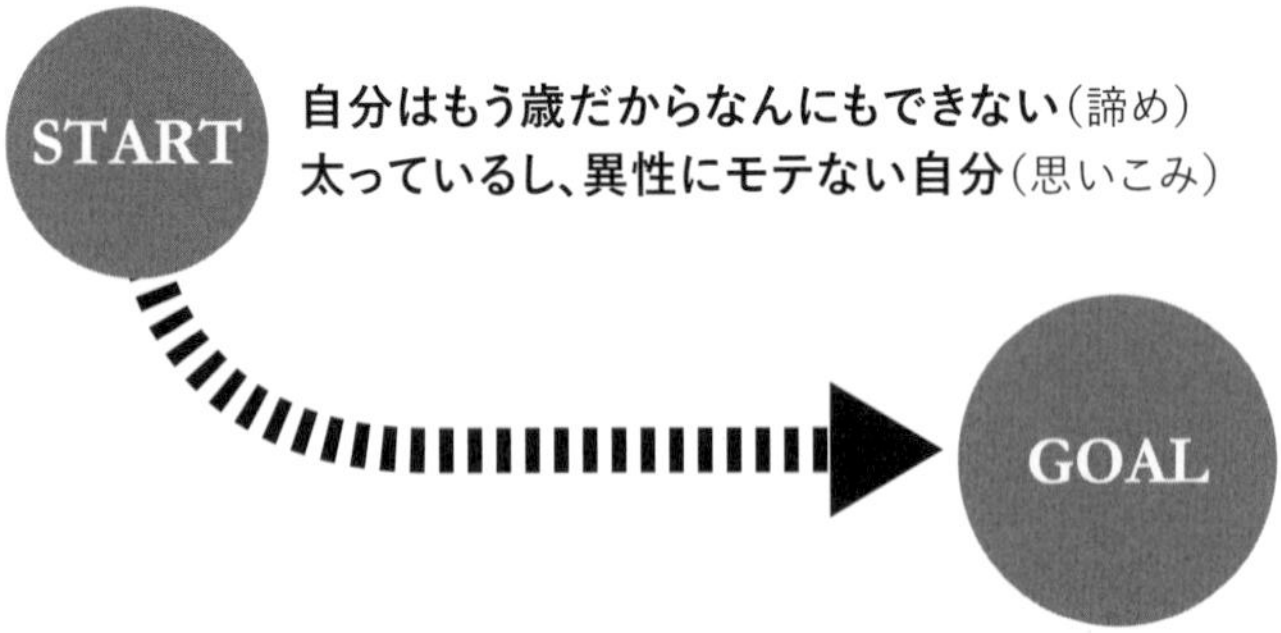

自分はもう歳だからなんにもできない（諦め）
太っているし、異性にモテない自分（思いこみ）

人に役立つボランティア・スピリットで大活躍（サポーター）
美人ダイエットコーチで大人気（女神）

来はいっぱいあるのですから。また、**新しい自分、新しい経験、新しい目標**も数限りなくあるのですから。

次のページで紹介する言葉を何度も読み返してみてください。

きっと、気持ちがよりポジティブになっていくことに気づくはずです。

タイトルとは飛躍の起爆剤である

タイトルとは回復薬である

タイトルとは宣言である

タイトルとは自信である

タイトルとは武器である

タイトルとは変化の喜びである

タイトルとは打出の小槌である

タイトルとは自分のルールである

タイトルとは夢実現のゲームである

タイトルとは望む結果の見える花である

タイトルはマントラである

自分の心の声。自分の声に従えば、
いつでも幸せ。

宇宙の声、
宇宙の声に従えばどこまでも行ける!

タイトルはたくさんあってもいい！

タイトルはたくさんあっていいのです。なぜなら、未来はいっぱいあり、いろいろな自分がいて、変化こそ真実であるからです。新しい自分に、新しい経験に、新しい目標にタイトルをつけてみましょう！

タイトルとは未来への地図である

タイトルとはナビである

タイトルとは先生である

タイトルとは戦いを挑むリングである

タイトルとは勝つことである

タイトルとは自分 VS 自分の青写真

タイトルとは夢と現実を結ぶ架け橋

タイトルとは自分を照らす灯り

タイトルとは自分のなかのヒーローである

タイトルとは舞台衣裳である

タイトルとは欲張りがいい

なりたい自分になるためには、まずは「人」を真似ることからスタート！

偉人の知恵とマインドを借りるタイトル・マジックです。

どんなタイトル・ワークにも共通する要素がいくつかあります。その代表的なものが、

「○○のように生きたい」

「△△のように対処したい」

といった「憧れの存在」「尊敬する人」をイメージすることです。憧れの存在は「今の自分」の憧れでも「自分の未来像」としての憧れでも構いません。

このワークは、本当の自分にとって、憧れの自分・なりたい自分はどういう人で、ど

んな価値観をもっているのかを探るためのワークです。

タイトルはマントラやアファメーションになる

では、偉人や憧れの人を使ったワークをやってみましょう。代表例として「マザー・テレサ」の人生への知恵をお借りするワークをやっていきますが、あなたの好きな先人・尊敬している偉人がいれば、その方たちの言葉をヒントにしてももちろん構いません。

まずは、次ページのマザー・テレサの言葉を読み上げてみてください。

そして、このマザー・テレサの言葉からキーワードをひとつ選び、次ページのようにタイトル・アファメーションのコーナーに書き込んでください（これは、123ページの「私は私がなりたい自分になる」の下段、『先人の知恵をかりるタイトルアファメーション』でも使いますので、今はつくり方として覚えてください）。

ワーク

マザー・テレサとあなたの共通点は、どんなところにありますか？

マザー・テレサの言葉を借りて、あなたのタイトル・宣言文をつくりましょう。

たとえば、

私の人生のテーマのひとつは **愛** 人生を **大事にします**

偉人の智恵を借りて
心躍る人生のヒントにするタイトル・ワーク

やみくもにタイトル・アファメーションといっても難しいので、あくまでもつくり方の“ヒント”として考えてみましょう。

マザー・テレサの言葉

人生は、ひとつのチャンス。人生からなにかつかみなさい
人生は、ひとつの美。人生を大事にしなさい
人生は、ひとつの喜び。人生をうんとあじわいなさい
人生は、ひとつの挑戦。人生を受けて立ちなさい
人生は、ひとつの責任。人生をまっとうしなさい
人生は、ひとつのゲーム。人生を楽しみなさい
人生は、富。簡単に失わないように
人生は、神秘。そのことを知りなさい
人生は、悲しみ。それを乗り越えなさい
人生は、冒険。大胆に挑みなさい
人生は、幸運。その幸運をほんものにしなさい
人生は、かけがえのないもの。こわしてしまわないように
人生は人生。人生に立ち向かいなさい

タイトル名人「北斎」参上 名前を変えればステージが変わる？

自由奔放なタイトル名人に登場してもらいましょう。浮世絵画家の葛飾北斎です。北斎は１７６０年に生まれ、１８４９年に亡くなりました。当時にしてはかなりの長寿です。**89年の人生で、なんと90回以上も転居し、有名無名を含めて、30を超える画号を使った**絵師としても知られています。

春朗、宗理、北斎、戴斗、為一、卍……

北斎のデビューは20歳の頃。そのときの名前は「勝川春朗」と名乗っていました。その後、勝川派を破門され、江戸琳派の流れをくむ「宗理」を名乗ります。そして、40歳を前に琳派から独立し、「北斎辰政」を名乗ります。いわば「北斎」という画家としての独立宣言です。

その北斎も「戴斗」という画号を経て、60歳を迎えるに当たって「為一」と名乗るようになります。そして75歳になる頃「画狂老人卍」という画号を使ったとされています。

代表的な画号は春朗、宗理、北斎、戴斗、為一、卍ということになります。なぜ、このように次々と画号を変えたのか、そのときどきの世情や画風の変容などは、専門家によって研究されているので理解できますが、心の変容はわかりません。

ただ、私は、状況に応じて名前を変え、新しい名前を演じるように生きていく北斎の姿に、「自分自身にタイトルをつけるとは、こういうことかもしれない」ということを感じます。

北斎は次々と住まいを変え、画号を変えるので、こだわりのない飄々《ひょうひょう》とした人物のように思えますが、一方で、自分の弟子に捨てる画号を売っていたこともあるようです。

自由奔放で型破りな天才、北斎。私たちは、彼のようにはなれないかもしれませんが、型破りなタイトルを考えるだけでも、たくさんの可能性を楽しむことができるでしょう。

型破りタイトル名人「画狂老人卍」北斎様。
現代の私たちを、どうかサポートしてくださいね。

あなたの夢を動かす
4つのパワータイトル

人生は春夏秋冬の四季に分けられるといわれています。物語には起承転結があります。宇宙・自然を構成する基本元素は火、風、水、土。さらに、感情を表わす喜怒哀楽。このように、「4」の数は、創造と循環を構成するのに適した数字です。つまり、**4つの要素を並べると、物事は安定し、また、循環しやすくなる**のです。

4の数字を夢の創造・循環に活かす

この特性は、夢の実現に応用することもできます。**「4」を活かすことで、夢を創造し、持続・循環する宇宙とシンクロしやすい**かたちとなるのです。

人間はまだ3次元のことしか理解することができません。しかし、4次元の姿を理解できるようになれば、自分自身への理解ももっと深まるでしょう。自分の夢や願望を叶えやすくするポイントとして、4つの項目で考えてみましょう。宇宙と私たちはつながっています。そして**宇宙は、大きな愛と進化に満ちあふれています。**同様に、**私たちの夢も愛と進化に満ちあふれています。**

進化とはどのようなことでしょうか？　要らないものを破壊＝脱して、流して、超えて、果てしなく創造していく「**愛の運動**」なのかもしれません。すなわち、愛と進化は2つの軸があるのではなく、つながったものと考えることもできます。

「今の自分自身が宇宙とつながっている」ことを意識しながら、今の自分自身のタイトル・ワークを行ってみましょう。

「4つの項目」と「期間限定」「循環する」ことを考え、「春夏秋冬」をイメージしながら、今の自分自身のタイトルを考えてみましょう。

動、脱、超、遊に四季を感じるワーク

次ページの言葉・文字を見つめてください。

これらの言葉・文字を、四季に照らし合わせてタイトルづくりに活かしてみるのです。たとえば、今の自分自身、今の状況を「春」「夏」「秋」「冬」のイメージで捉え、そのタイトル・ワークをやってみましょう。

春のキーワードは動
夏のキーワードは脱
秋のキーワードは超
冬のキーワードは遊

人生の四季を生きるタイトルが揃いました。
夢を叶えるタイトル・マジックの完成です。

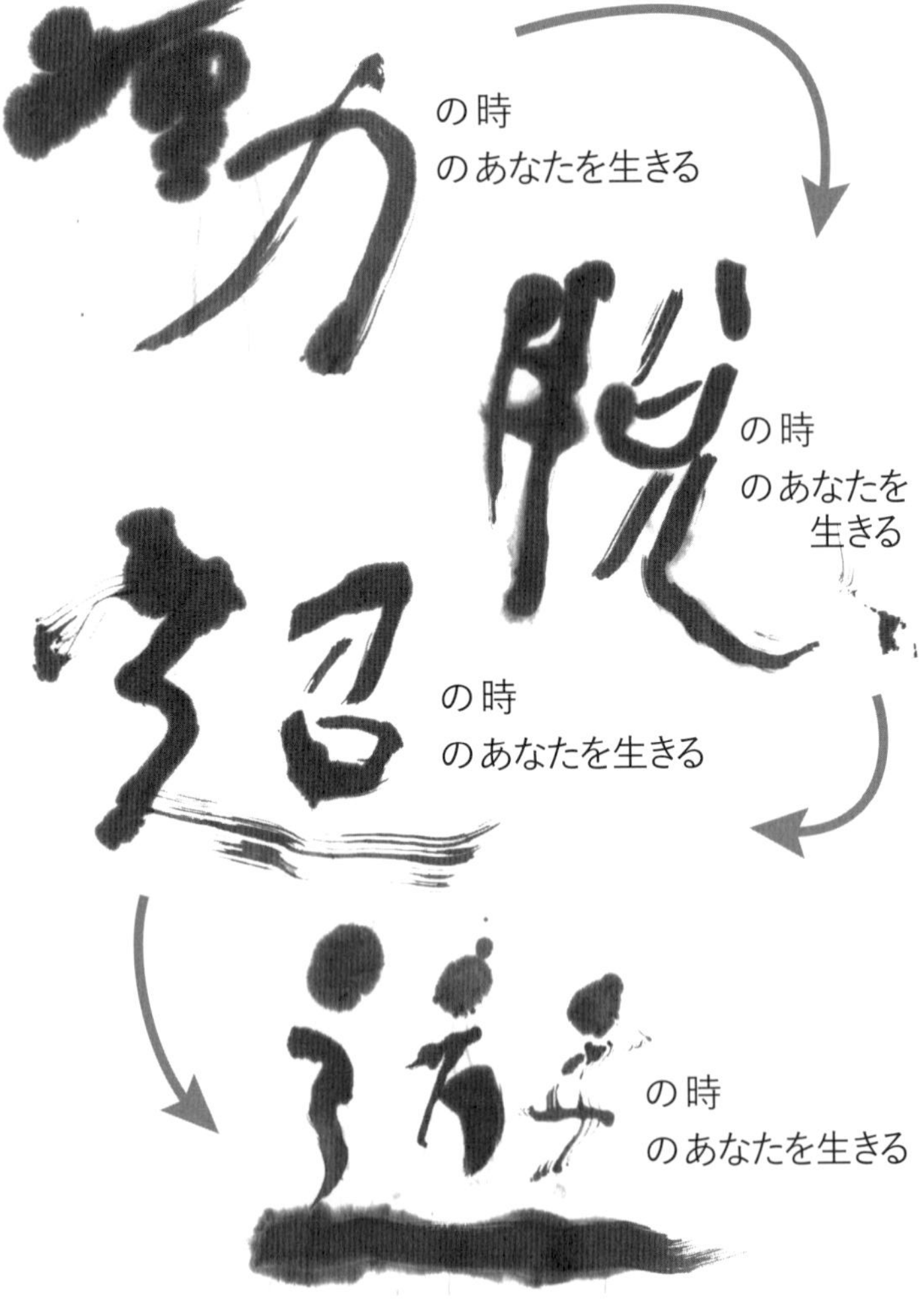

©小出直子

4つの要素で、夢を実現する

4の要素は、夢の実現にも応用できます。人間は、宇宙・自然と同じ源から創られていいます。現代物理では、宇宙も進化という夢をみるといわれています。**人間と一緒に進化・拡大するのが宇宙（サムシング・グレイト）の夢**、と聞いたこともあります。理性的・論理的には、理解するのが難しいですが、ちょっとワクワクする話ですね。私は、もっと意識的にシンクロを起こしたいと思い、こんなワークを提案します。

自分と宇宙のつながりを意識した4つの項目でタイトル化する方法です。宇宙の夢は、大きな愛と進化。同様に、あなたの夢も愛と進化なのです。進化とは、動きです。要らないものをときには破壊＝脱して、超えて、果てしなく創造していく愛と遊びの運動なのかもしれません。このタイトル・ワークは「**宇宙・自分シンクロタイトル**」と名付けました。次ページから「春夏秋冬」の4つの季節で、タイトル・ワークをしていきましょう。

ワーク

あなたの夢・願望を実現するためにとる決意と行動はどのようなものでしょうか。そのあなたを表わす動詞は何でしょうか？

ex. 飛ぶ、走る、行く、会う、働く、学ぶ、遊ぶ、座す……

私の進化のため、私の決意と行動のための動詞は［　　　　］です！

私の動のタイトルは？

ex: 飛ぶ私

決意と行動を示す
「春」のタイトル・ワーク　動

アメリカの思想家であり、建築家、発明家、詩人であるバックミンスター・フラーは著書、『宇宙船地球号操縦マニュアル』のなかで次のように語っています。

「私は地球で生きているが、私が何者かは自分でもわからない。だが、カテゴリーなどではないことはわかっている。私は名詞なんかじゃない。どうやら私は動詞のようだ。進化するプロセスそのものだ」と。

とてもパワフルでエネルギッシュ、素敵な言葉ですね。

さて、春はまさに進化するプロセスのスタート地点ともいえます。その春を象徴するものは「決意と行動」。どんな大きな願望も野心も、始まりはあなたの胸に宿った小さな芽。その未来をつくりだすのは、あなたの決意と行動です。それを「いまのあなた自身」の「春のタイトル・ワーク」にしてみましょう。

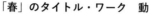

ワーク

あなたの中のいらない要素を脱却しましょう。
要らない要素はこれです。

ex. 正論派、優柔不断、謙虚さ、献身　引っ込み思案、
完璧、忙しさ、勝ち負け……

私の脱のタイトルは?

ex: いらない完璧さを脱する私

私を〝脱〟させる
「夏」のタイトル・ワーク　脱

弱点こそ宝。

弱さは、強みと同じくらい才能・個性のポイントとなります。弱点のないヒーローなんていませんし、おもしろみに欠けるでしょう。

「ユニークな弱点は魅力だ！」くらいに考えて、弱点をチャンスに変えてみるのです。

「○○に弱い」「○○が怖い」「これは邪魔だ」など、いろんな例を挙げてチャンスに変えて進みましょう。

The Leader	リーダー
The Supporter	サポーター
The Manager	管理者
The Innocent	純真な者
The Healer	ヒーラー
The Hero	ヒーロー
The Explorer	冒険者、探検者
The Lover	恋する者
The Creator	創造者
The Jester	道化師・おどけ者
The Sage	賢者
The Magician	魔術師
The Artist	芸術家

ワーク

あなたの内面にいる超人は誰ですか？

私の超のタイトルは？

ex: 笑いで人生を豊かにする魔術師の私

私を超えさせる
「秋」のタイトル・ワーク　超　超

壁や限界を脱したあなたは、さらに、新たな自分へと超えていきましょう。なりたい自分へ超えていくためのタイトル・ワークです。

なぜ、超えていけるのかといえば、もともと、あなたは超人だからです。

「平凡人である」という自分の意識を超えていきましょう。

超人のモデルからピーンとくる元型を選んでみましょう。

あなたの内面にいるヒロイン・ヒーローと連絡をとり、あなたの超人伝説をつくりましょう！

ワーク

あなたが、育てていきたい徳を選んでください。

愛	**知恵**	**ユーモア・笑**
忠実	**やさしさ、温情**	**謙虚**
信念	**奉仕**	**公平**
勇気	**バランス**	**柔軟**
平和	**正直**	**誠実**
シンプル	**叡知**	**奉仕**
楽天性		

あなたの徳で素敵に遊びましょう。それが、あなたの尽きない富となるのです。

私の遊のタイトルは?

ex: 正直な私を楽しみ、遊ぶ

あなたを遊ばせる
「冬」のタイトル・ワーク　遊

和語の「ふゆ」の語源は、「増える、富える、震える」からきているそうです。そんな冬のキーワードは、遊・富・豊です。

「新生」「再生」「創生」のための自然の姿。まさに見えない空間で行われているミラクルなのかもしれません。冬という、豊かさのミラクルを信じましょう。そして、遊びましょう。

さて、あなたにとって、尽きない富とは何でしょうか？

それは、どこから生まれるのでしょうか？

あなたのその尽きない富は、あなたの徳性から育っていくのではないでしょうか。自然の冬のように、見えないところで行われるミラクル。あなたの徳性も、人に見せる必要はありません。冬のように隠れていていいのです。

それこそが、あなたを素敵に、無敵にする富のもとなのです。

私の尊敬する
シンボルパーソンからの
プレゼントコラム

3

日本人は遊びが苦手なのではなく、本当の自分を見せるのが苦手なだけ

クリス岡崎

僕は年収が100万円台の頃、1000万円もするアメリカの著名コンサルタントのプラチナパートナーという会員権を購入したことがあります。

そのとき本当に彼らから学びたかったことは、お金持ちになるための知識ではなく、「僕と彼らの何が違うんだろう」ということ。

それで、3万円もするレストランにもがんばってついていき、ビジネスなんてことはおくびにも出さず、本気で遊ぶ彼ら「お金持ち」の姿を見てきました。

そして今、僕は億万長者をめざす人に向けたコンサルティングをしています。

そのなかで、お金に人がどう関わるか、の性格診断があります。

お金を楽しむトイプードルタイプと、がっちり守るセントバーナードタイプ。見た目を気にするシャム猫タイプと、動かなくてもお金が手に入る招き猫タイプに分類して、アドバイスしているのです。

日本人の傾向を見ると、仕事モードのときと遊びモードのときで、タイプを分ける傾向があります。

では、遊びが仕事になっている場合はどうするか。

「土日が休みなら、何をしたい？」

と聞いてみてください。そのしたいことを仕事にしている人が、億を超え、兆の単位のお金を持つ人の特徴です。

彼らは、仕事モードのときではなく、遊びモードのときに本性が出ることをよく知っています。その本性をさらけ出して仕事をしているから信頼される。億単位の仕事を任せてもらえるのです。

本性で仕事をしているから、評価が高くなるのです。

そもそも、仕事のなかでその人の人間性を見るのは困難です。でも、遊びのなかでは本性が出ます。その部分をさらけ出すから信頼できるのです。

遊びと仕事、どちらかが大事かと問うならば、それは遊びです。なぜなら、人間の本性が出るからです。

カリブ海のクルーズ船に乗ったときのこと。まだ、僕も本気で遊べているとはいえなかった、若い頃のことです。

「クリス！　キミを日本から出すのはカンタンだった。でも、クリスから日本を追い出すのには1週間かかった。大変だったよ」

といわれました。

みんな同じことを感じていたから、大笑い。それほど日本人から日本的な「仕事・遊び」の感覚を解き放つのは大変なのです。

でも、遊びの分野でも本気モードだと、必ず夢が大きくなります。だから、仕事も大事ですが、遊びはもっと大事。本性をさらけ出して、思いきって遊んでください。

私は「1か月休みがあったらやりたいこと」を今、仕事でやっています。つながりができる遊び方を仕事にしているのです。

我を忘れ、時間を忘れても気にならない本気モードの遊びを仕事にする。それって、いちばん上質な時間を過ごしていると思いませんか?

Profile

日本の代表的サクセス・コーチ、日本語NLPマスタートレーナー・国際的モチベーションスピーカー。日本のモチベーション系の自己啓発界の第一人者。世界的富豪や成功者の実践哲学を融合し、実践的成功哲学を確立する。

タイトル・ワークの手順をまとめておきましょう

ここまで、いくつかのタイトル・ワークをしてきました。そのワークの基本となる手順をまとめておきましょう。

実は、あなたは頭のなかで、たくさんの言葉や考えを切ったり貼ったりしているのです。

グー・チョキ・パ！　で考える

私の考え方、手順のひとつに「グー・チョキ・パ！」というものがあります。それを感覚的に覚えてください。

①グー

いろいろなものを「グーッと固める」ということです。あれもいい、これもステキと、とくに女性は興味の範囲が広がりがちです。

ですから、どこかの段階で、広がってしまった言葉や考え方をギューッと固めてしまいましょう。**おむすびを結ぶようにね。**

②チョキ

文字どおりハサミです。チョキチョキと布のほつれの糸くずを切っていくように、はみ出した言葉や考え方を頭のなかで切り捨てていきます。

これは、男性より女性のほうが得意かもしれません。とくに割り切りの良い女性は、よぶんなものを思い切って切り捨てるのが得意です。

③パ！

ギューッと固めてチョキチョキと切って削いだものをパッと展開させます。どのような場面でそのタイトルを展開できるか、いろいろ想定してみるのもいいでしょう。

グー

①夢を実現するのに、不安、恐れは当然出てきます。
批判が怖い。できなかったらどうしよう……。
不安になっていること、恐れていることを書き出してみてください。

チョキ

②「できる・できない」の自分自身の判断を、チョキ、チョキとカットします。
自身の判断にフォーカスすることは、不安のほうに力を与えていくことになるので、切れる項目を素早く列挙し、楽になりましょう。

パ！

①大切なことは、自分のやりたいことを認めること。そのイメージで言葉を列挙し、心をパッと扇のように開きましょう！　そして少しずつでよいので、いろいろなアイデアを使って行動しましょう。

守破離と考えてもOKです

実は、この「グー・チョキ・パ！」の考え方は、「**守破離**」（剣道や茶道などで、修業における段階を示したもの）の考え方に似ています。ただ、守破離といってしまうと、難しく感じる方も多いでしょう。そんなときこそこの「グー・チョキ・パ！」が役に立ちます。

「グー・チョキ・パ！」で、「自分の不安」を紙に書きだしてもらい、字で表現したうえで、必要ない不安ならば、その紙をギューッと丸め、そのあと少し広げてハサミで切り刻み、パッと捨てるのです。

ハサミで紙を刻んでパッと放り投げているときは、みなさん本当に楽しそうですよ！

本で学ぶのももちろん大事ですが、**五感を使いながらタイトルをつけていく**ことも大切ですね。

ジュエリーのタイトルと願い③

才能の風を起こす扇子

私の才能を自由に開花させ、世界中に贈りたい！
開き、閉じ、結び、舞い上がらせる
停止して蝶になり、花になり、水になり、火となる
永遠の美と才能の乱舞
扇は変化と才能の開花のシンボルです
自在に扇を操るように、あなたの才能の風を世界に
贈りましょう

タイトルのすごい効用
ストレス・モヤモヤ・イライラを
儀式の主役にしてみる！

「自分」と「自分に関連すること」にタイトルをつける最大の効果は、

- **自分に起きていることを「客観視」できる**
- **自分に関連することを「対象化」できる**

ということではないでしょうか。

タイトルは、大変な時こそパワーを発揮する

物事は、理屈や常識では解決できないことのほうが圧倒的に多いと思います。けれども、自分に起きている物事を、何かのせいや誰かのせいにしてしまうと、「人生は困難なもの」「人生は自分の望むようにはならないもの」などと思ってしまい、諦めてしまいがちです。

でも、それは、客観視できないために自信を見失って、意識の経路を狭めているだけなのです。

ですから、自分がどのような状態にあるのかを知ることで、「調整できること」「上手く超えていくアイデア」「要らないもの」「邪魔なもの」など、いろいろなタイトルを考え、**思考の経路を復旧**していきましょう。

何か大事なものを得ようとしたとき、あるいは、逆に捨てようとしたとき、その大事なものを客観視したり対象化できずにいると、得ることも捨てることもできなくなってしまいます。**得るときにも捨てるときにも、儀式は必要**です。そのためにも、タイトルを有効に活用していきましょう。

タイトル儀式で状況を変える。タイトル儀式で自信復活

知人に、やっとの思いで離婚が成立した女性がいます。ご主人は一流企業の重役です。たくさんお金を稼いでくれて、とてもステキなご主人に見えました。

ところが、残念なことに、ご主人は何かよくないことがあると、すべて奥さまのせいにするタイプでした。

その後、いろんなことが続いて、どうしても夫婦であることが耐えられなくなって、彼女は離婚を切り出したそうです。すると、ご主人はその離婚もすべて奥さまの勝手と考え、こう言い放ったそうです。

「1円もやらない。出ていけ！」

その夫婦には成人した3人の子どもがいますが、子育てに関しても、しつけが悪いと言い、責任を全部彼女に押し付けていたそうです。

「もう、私、限界だわ。どうしたらいいの？」

奥さまは私の前で泣き崩れてしまいました。気がおけない間柄なので、私は自分の思っていることを正直に伝えました。

「あなた、まずね、自分にも他の人（ご主人やお子さん）にも、正々堂々、言うべきことはいって、自信をもった態度をとったほうがいいんじゃない？　だって、今までずっと、妻として母としてやるべきことはやってきているのだから。子どもを甘やかしているとか、お金の使い方とか、不満をご主人にいわれるのは間違っているわよ。それこそ逆じゃないの！」

そして、

「今は、親子や夫婦という関係は置いて、客観的に見てみたら？　それで、ご主人のことはクレーマーだと思うようにするの。夫だと思うと腹が立つけど、クレーマーだと思えば何か言われても気落ちしたりすることはずいぶん少なくなると思うのよね。あなたはクレーマーへの対応のプロとしてご主人に対応しなさいよ。そうすれば、相手の話している内容のどこに自分の非があるのか、どう対処すればよいかがわかるはず。もう我慢大会金賞の奥さま・お母さんとはサヨナラしましょ」

私の言っていることにどの程度の説得力があったのか、正直なところわかりません。ですが、私はそのときの彼女の気持ちをなんとかしてあげたかったのです。

夫を主と立て、子どもたちの父親と思うだけでは、気持ちは揺れ動いたままです。夫を客観化し、別の角度から眺め、自分にとって、そして子どもにとってどうなのかを見定めることが私は大切だと思ったのです。

人間関係の基本は、お互いが相手によい意味で新しい発見ができ、変わっていけること、認めあえることです。家族生活でも、片方だけが我慢を強いられるのでは幸せは生まれません。何をしても認めてくれず、文句ばかりを言われるのでは、心が乱されて当然です。

ご主人からは数々の罵声を浴びた彼女ですが、彼女が自分を客観的に見てみると、海外留学を経験し、長年、塾講師として勤め、生徒はもちろん、スタッフからも生徒からも信頼されている素敵な女性だということに気づいたのだとか。

そんな彼女にタイトルをつけてもらいました。すると、**私は解放・開拓を生きる人。**

現状に甘んじる自分から、**変化を起こす自分。**
結果的に彼女は、離婚という道を選んだのです。

あれから数年後、彼女に改めて4つのタイトル・ワークをしてもらいました。

動　私は動く。新しい体験を選び、進んで移動する
脱　私は脱する。過去と家人を脱する
超　私は超える。カリスマ教師になる。誇りを持つ
遊　私は遊ぶ。華やぎや、個性を楽しむのを自分に許す

イイですね。よいタイトルですよね。
がんばれ！　カリスマ先生！　わが遊人！

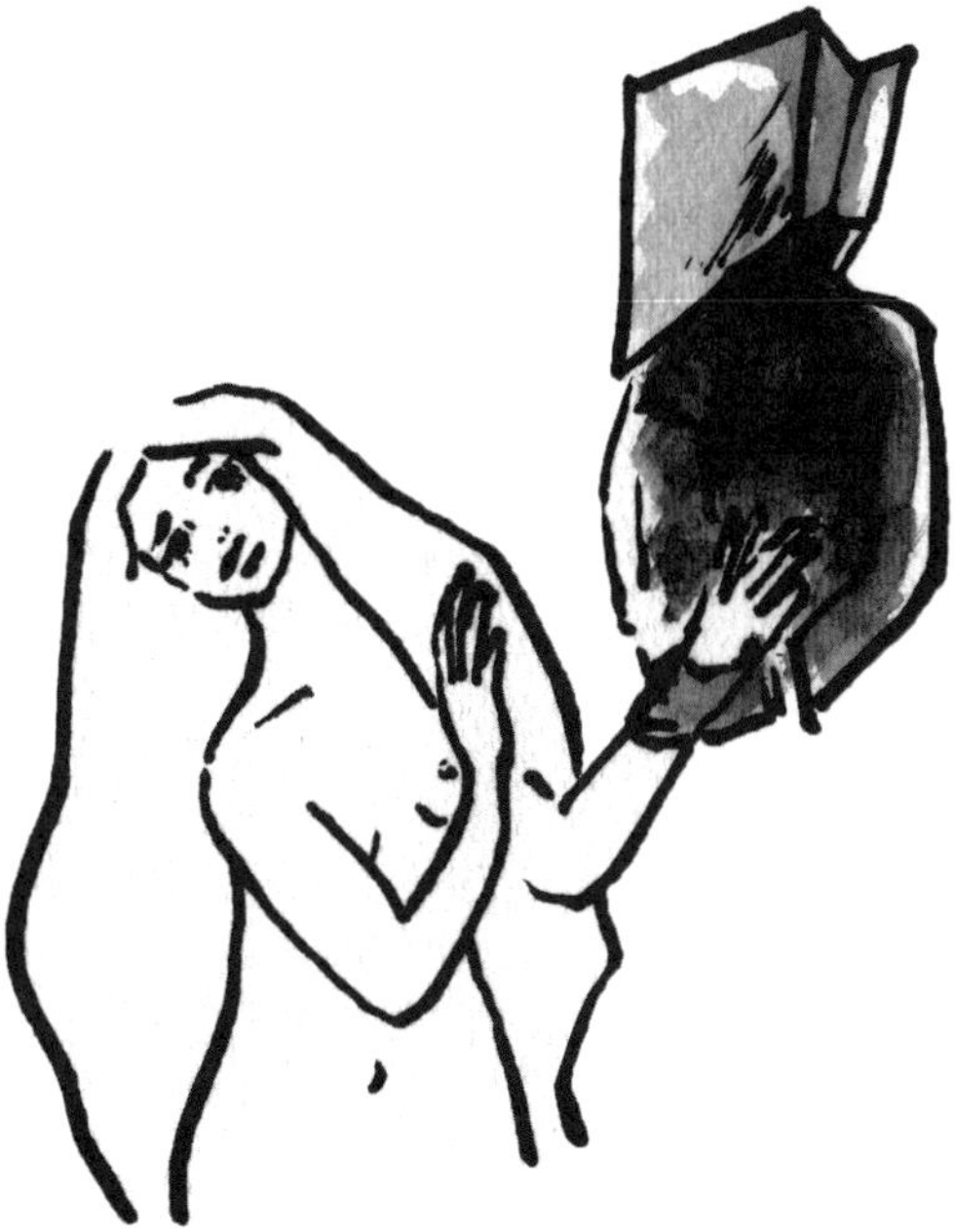

私の尊敬する
シンボルパーソンからの
プレゼントコラム
4

生き方に「タイトル」を自分の「内なる神」の存在を感じ「神さま劇場を生きてみよう」

飯島 敬一

50歳を超えて改めて思うのは、自分は『神さま劇場』に出演させられているのではないかということ。

若いうちは、何者になるかを頭で一生懸命考え、タイトルをつけ、目標を設定して突き進む方法をしたこともあったが、それでは「執着」というエゴが強くなってしまい、最終的には詰まることになる。

ただ、そんななかでも、どこかふとしたタイミングで、予想外の展開が起き、先に進むことができることがある。これは、どうやら、自分ではどうにもできない大きな「神さまストーリー」の中に生きてて、そのおかげから？　出会いやできごとに遭遇することが多々あった。

とはいえ、その《神様》とは一体誰なのか？

僕は、今から18年前、耳にあるツボ「神門《しんもん》」という、神（宇宙）と繋がる秘孔《ひこう》と出合い、人生が変わってしまった。

それ以降、宗教を超えたところの『神とは？』という問いをずっと続けている。

ある人は、自分とは別の大いなる存在であると言い、またある人は、神とは、外に乖離《かいり》して存在するのではなく、自分のなかに内在し、実は自分の考えだと信じ、思考、行動してきたものも、その《内的神》が創ったスト

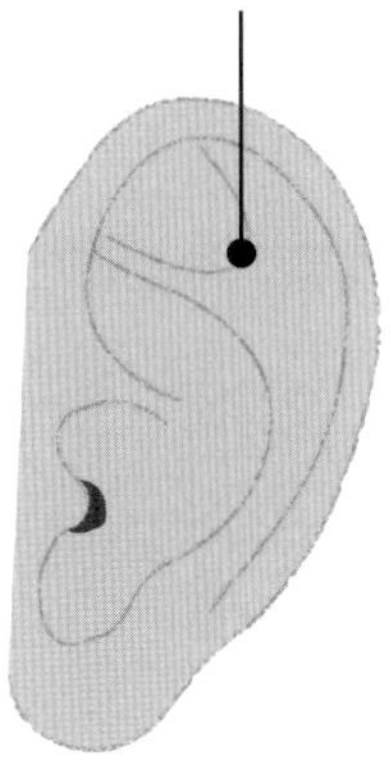

ーリーの一部なのだという。

今では、その内的神を認識できると、実はここから外につながっている大きな宇宙の神と一体化できるのではないか？　と思うようになった。

そして、その内的宇宙（神）と外的宇宙（神）とのゲートが、耳にあるツボ「神門」なのではないかと確信している。

そして、そう考えるようになってからは、また人生がさまざまにシフトしていった。

人生を前に進めるとき、思考ではなく内的神に意識を傾け、直感を信じ、インスピレーションを受け取り、進んでいくと、面白いくらい『神さま劇場』が展開していく。

人は、1日に、6万回も思考するとい言う説がある。

右足から歩きだそうか？水を飲もうか？歯を磨こうか？等々、あらゆることを無意識で思考している。

この思考は、左脳や右脳などで過去のデータと未来の状況を考え、ジャッジしたものだが、この思考を止めることはとても難しい。

頭のなかは、いつも忙しく回転している。

そんなとき、ぜひとも耳のツボの神門をキュッ、キュッ、キュッと軽く引っ張り、スイッチを入れてみて欲しい（107ページ図参照）。

一瞬、思考が止まる。そして無（空）が訪れる。

そのときハートの中心に在ると言われている『内的神』を意識して、ふっと現れる思いやアイデア等、インスピレーションを感じてみていただきたい。

この方法は、とてもシンプルだが自律神経調律を整え、メンタルケアにも最強なメソッドです。

そして、あなたの人生の最高のタイトルを見つけてもらえたら嬉しいです。

Profile

神門メソッドマスター・自律神経調律師・スリムビズアカデミー校長。1963年、横須賀生まれ。独自研究で神門メソッドを開発。治療界、予防医学、美容、スポーツ界等、国内外にて展開。

HP「神門堂」http://shinmondo.com/

ジュエリーのタイトルと願い④

愛の矢を放つアルテミス

向こう見ずなくらい、自由になってみる！
私の武器はアルテミスの弓矢
私が放つ弓矢は獲物を射るためではない
束縛を解き放つ自愛と自遊のため

Lesson2

マンダラ・マジック

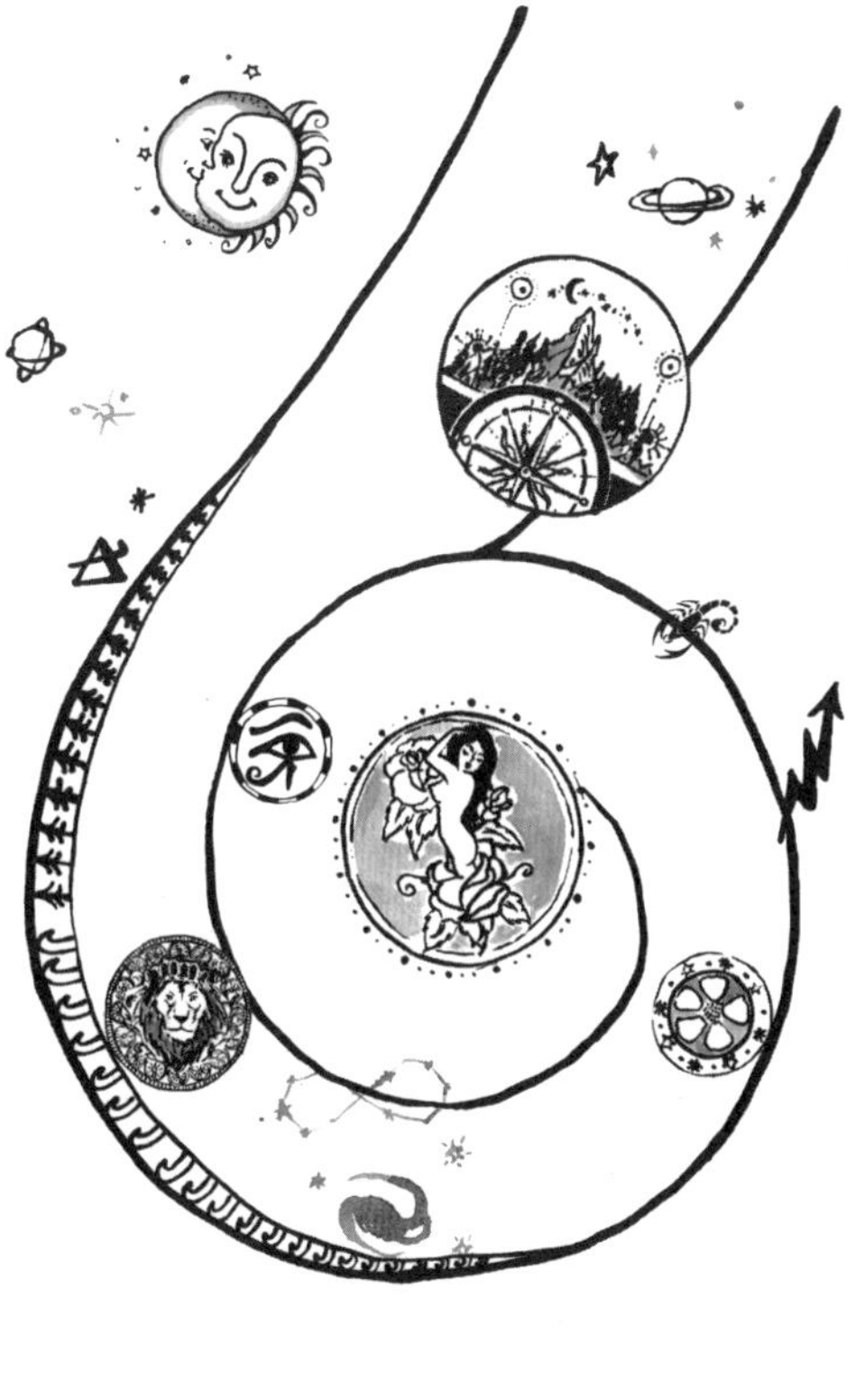

マンダラの技法で自分の「タイトル」をラクに早く実現する法

自分の夢や願いや志を、「動・脱・超・遊」の4つのタイトルで表したあと、どうすればそれが早く実現するのでしょうか？　それには、マンダラ・マジックを使うとよいでしょう。

マンダラ・マジックとは、自分の意識の奥にある潜在意識と宇宙意識に、同時に自分の居場所を知らせることです。

知らせるためには、お知らせ装置が必要です。メール発送、郵便ポスト、宇宙ポストオフィスです。その装置を用意することが、マンダラ・マジック。タイトルをマジック模型に入れて発送しましょう。そのマジック模型のひとつが、マンダラです。

マンダラは、宇宙と自分が同じである、接している、つながっているということを1枚の絵に凍結させた**宇宙模型**とも言われています。

でも、多くの方が何のことだかわかりませんよね。

「マンダラ」って宗教的なものじゃないの?

マンダラ――。少し神がかってきましたね(笑)。でも、心配しないでください。マンダラは主に東洋において考えられてきた世界観のシンボルです。たしかに仏教との密接な関係はありますが、ビジネスにおける問題点の発見や解決の手法にも多用される、きわめて現実味のある概念です。

マンダラとは何か。たとえば、『デジタル大辞泉』にはこう書かれています。

「〈梵〉mandalaの音写。本質を有するものの意。仏語。密教で、仏の悟りの境地である宇宙の真理を表す方法として、仏・菩薩(ぼさつ)などを体系的に配列して図示したもの。胎蔵界マンダラ・金剛界マンダラ・四種マンダラなどがある。転じて、浄土の姿を図示したものなどにもいう」

いくつかの解釈のなかではわかりやすいので、引用させていただきました。私はこれを。「宇宙へも広がるような世界観を、ある一定の約束事に沿って配列して示す方法」と解釈して考えたいと思います。

私は「マンダラ」と不思議な縁があった⁉

私とマンダラには不思議な縁がありました。私の実家が小さな町にあり、その実家を空海に縁のあるところに売却させていただいて、今、そこは弘法太子堂となっています。私はその縁がある前から空海に興味があり、空海ゆかりの寺院をいくつか回っていました。そして、その縁が実家の処分というところでつながっていったのです。

不思議なものです。私の実家はお寺でも何でもない一般家庭ですが、不思議な縁を感じております。

また、かつてダライラマ猊下《げいか》のイベントでは、チベット音楽のプロデュースをさせていただいたことがあります。チベットはマンダラの国。本当にご縁はつながっているのだなと、感謝しています。

言霊《ことだま》と形霊《かただま》の魔術師「空海」

超天才・大偉人「空海」は「弘法大師」と呼ばれ、唐（中国）での修行を終えて日本に戻る際に、多数の美術品や仏具などとともに、マンダラを持ち込んだ人物としても知られています。今でいう美術品を海外に紹介するプロデューサーという役目を果たしていたのでしょう。

そんなところにも私は共感し、空海の本を読んだり、マンダラを見て回ったりしていました。空海は、中国でできた上がったマンダラを日本に紹介するだけでなく、修復が必要だったマンダラをみずからの手で修復したりもしているそうです。

その仏教的世界観を精緻《せいち》に描出することは、私にはできません。しかし、持ち込んだだけではなく、みずから修復したり、東寺では仏像を配置して立体曼荼羅として出現させたり、高野山は土地、山、風景そのものを立体曼荼羅の見立てのなかで創られたり。

そうした超天才的な才能にも新鮮な驚きを感じました。

私の著書『ザ・シンボル』（総合法令出版）にも書きましたが、私を励まし、前に進めるシンボルが、空海の言葉の中にあります。

鳳鵬に附きて、天涯に到る。感応相助くるの功、妙なるかな

これは、「小さな鳥」は「大きな鳥」を師とすれば、どこまでも飛んでいけるということです。これを自分なりに解釈すると、小さな鳥である自分が遠くに飛んでいくには、どうしたらいいのですか？　そんな問いを持ったとき、ヒントと教えになる美しい言葉です。

この言葉の意味は、「鳳凰や大鵬のように大きな鳥についていくならば、小さなものでも天涯（空の果て）まで行くことができる。物事がお互いに感応しあって、助けあっていく効力は、本当に素晴らしいことである」ということです。

力の少ないものでも、尊敬できる偉大なもの（師・志）についていけば、どんなとこ

ろにも行くことができ、そのときに起こるシンクロや助けあう力は素晴らしい。これは、空海が自分を小さなものとして書いた言葉ですが、心に響くメッセージだと思います。私も、自分は小さな鳥ではあるけれど、大きな鳥についていく意思や夢をもった鳥である、というイメージをひとつのシンボルにしています。

さて、マンダラに戻りますが、私が惚れ惚れと眺めたのは、その端正な美しさです。マンダラと言うと、精緻《せいち》で細密で、しかも複雑に交錯しながら展開する仏の悟りの世界をイメージしますが、私は、そのなかに9つの円があり、それが四方八方に広がっていく、とてもシンプルな姿を見たように感じました。

そのまとまりと広がりの美しさに惚れ、その発想を自分のコンサルティングなどにも活かしたいと感じたのです。

マンダラを形づくっている「形」を見てみましょう

マンダラの基本の形は円と四角や三角などです。

円と四角と言えば、「天円地方」説。円形の天のもとに、方形に大地が広がっていくという東洋の宇宙観で、銅鏡《どうきょう》や古銭や、様々な造形の元になっています。そういえば、昔の5円玉には、円形で四角い穴が空いていた記憶があります。

そんな「天円地方」の宇宙観や発想が「マンダラ」につながっているのではないでしょうか。天体（宇宙）と、人間の意識のつながりを形にした、音無きシンフォニーのように。

マンダラは、形霊《かただま》である？

「形」ということの意味を、古い日本語から探ってみたいと思います。

かたちとは、何なのでしょうか？

かたちとは、「かた」の「ち」＝「かた・ち」です。「かた」は型で、いわゆる基盤、鋳型、規範となるものです。「ち」は、霊（チ）で生命力・不思議な力を持つもの。つまり、霊格を表わす言葉です。力の「ち」、命の「ち」などです。

Lesson 1で、「タイトルは言霊である」と書きましたが、同じように、マンダラは形や型に魂が宿る、「型霊、形霊」といったものかもしれません。マンダラの「かた＝鋳型」に、「ち＝生命力」を吹きこむと、「かたち」は、より不思議な魂の力が宿り、息づいていくのかもしれません。だから、マンダラは、世界のシンボル体系の代表的な秘儀のひとつといわれているのでしょう。

マンダラの「方便」はどの世界にも通用する

マンダラはビジネスの分野でも活かされています。典型的なのは発想法のひとつとして知られるマンダラート技法です。

手法をわかりやすく説明すると、

・紙の上に3センチ四方の正方形を描きます。その4つの辺と角が接する同じ大きさの正方形を描きます。すると、9つの正方形ができ上がります（増殖法）

その逆に、

・正方形を3列、3段に分割して、9つの正方形をつくる、ということでもよいでしょう（分割法）

発想法としてのマンダラート技法

この発想法は、アイデアが続くかぎり、無限の広がりをもって発想できるということに特長があります。身近な言葉で中心となるテーマや関心事が図示されているので、わかりやすいという利点もあります。

似た発想法として、マインドマップというものがあります。中心から神経細胞が伸びるようにアイデアを展開させていく手法です。でき上がったマインドマップはまさに脳細胞のよう。だからこそマンダラと脳は似ているといわれるのかもしれません。

そうすれば、「なんとかしたい」と思っていた大きな課題の解決の筋道ができてくるのです。

私の提案するマンダラ技法では、中心に愛と願いの種である名前を書いて、周りの8マスに、自分の欲しい才能や特性を選んでいきながら、膨らませていく方式です。これらのことを考えながら、私がアレンジしたマンダラを左ページで紹介します。

私は私がなりたい自分になる

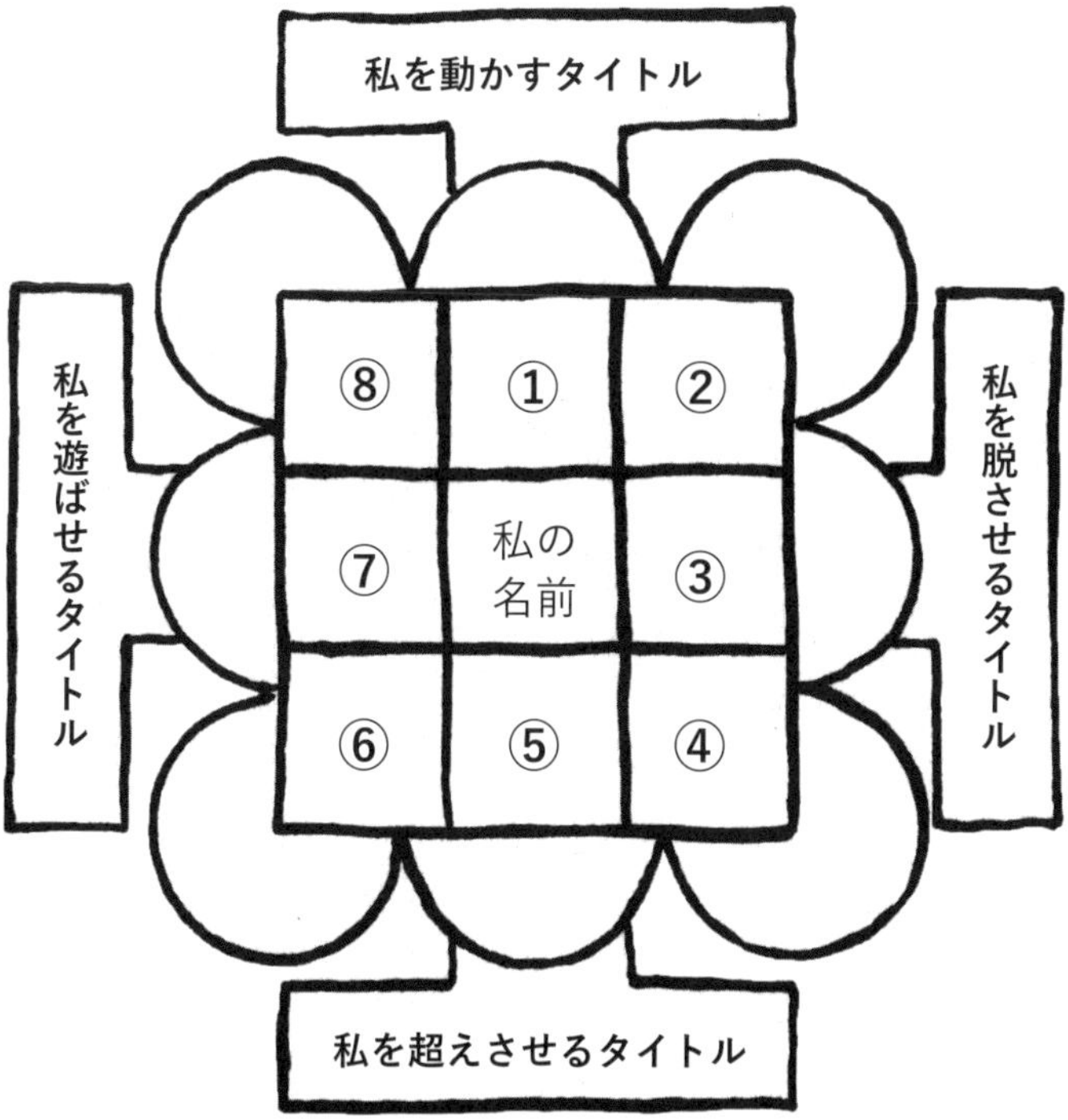

先人の知恵をかりるタイトルアファメーション

P71 でつくったワークの言葉を入れましょう

図形に置き換えることに、どんな意味があるの？

前ページは私が〝使うために〟アレンジしたマンダラです。いたってシンプルなものですが、いろいろな意図を込めています。

まず、これは女性に関していえることかもしれませんが、女性は物語を読んだり想像したりすることは得意ですが、それを何かのかたちに置き換えて図解するといったことは苦手な人が多いようです。

それでもあえて図示したのは、そのほうがよけいなものを削ぎ落とし、単純化・抽象化できると思ったからです。

混沌を秩序にするデザイナーの仕事

私はデザイナーですが、図形化することは、枠組をつくること＝デザインする方法と似ているなぁ、とつくづく思うことがあります。

たとえば、イメージ、思い、アイデアが沸いたとします。

でも、それはまだグチャグチャなカオス状態です。そのままではイメージやアイデアは「かたち」にならず、いずれ消えてしまいます。

しかし、それらを「かたち」として表現させるには、まずは、**もやもやしている雲みたいな状態のどこかに、少しでも良いから「パターン」や「フォーム」を当てはめます。**極端な言い方をすると、無理やり当てはめて関連づけるのです。

すると、少しずつですが、何かが現れてきて、いつの間にか全体が自分の思うような姿にデザイン化されていくことがあります。

ポイントは、「かたち」や「囲み」をつくること。そして、拡げることです。そうすれば、混沌（カオス）から抜け出して、秩序（かたち）が出現するのです。

ちょっと、宇宙のようですね（笑）。

夢の実現もそういうことだと思います。ですから、まずは思いきってあなたの夢や願いを「パターン」「フォーム」に入れてみましょう。

8マスには、自分らしく生きるための才能や特性を表わすシンボルを入れます。

そして、8マスに入れた8つの花びらは知恵の花です。中心にある知恵の種（テーマ）が、あなたの才能や特性で現実化して花開いていく様子なのです。

このマンダラ・マジックのプロセスを通じて、あなたの夢や願いが「かたち」になって現れるようつくっていきましょう。


小出直子方式の「マンダラ」の「かた」「ち」とは?

胎蔵界の智恵、金剛界と方便を合わせて、シンプルかつ、ダイナミックな形を提案します。

円＋方＋花びら＋扉（門）＝あなたの「かた」「ち」。ポイントは4点！

・**十字にクロスした4つの門（扉）**
・**その中に花開く8弁の蓮華**
・**花に囲まれた9つの区画**
・**その中心は自分が自分らしく生きていく核になる「知恵愛」の種**

十字にクロスした4つの門は、宇宙と自分を自由に行き来する**十字路の門**という扉です。ここは、前の章のタイトル・ワークで選んだ4つのキーワード「動・脱・超・遊」のタイトルを入れる場所です。

134ページでは「私を動かすタイトル」「私を脱させるタイトル」「私を超えさせるタイトル」「私を遊ばせるタイトル」に当たります。「動・脱・超・遊」の4つのワークをもとに、4つの門の中に写してください。

なぜ、門の中にタイトルを入れるのかと言うと、門は入口・出口だからです。**あなたの夢や願望、または、自分をより自分らしくする「タイトル」を門に入れて、自分と天（宇宙）をつないで、行ったり来たりする**ためです。

マンダラは、宇宙意識と人間の意識の完全性のシンボルですから、この装置を自由に活用しましょう。そうすることで、**マンダラは「人生のタイトル」を導く最強のツールとなるのです。**

私の尊敬する
シンボルパーソンからの
プレゼントコラム

5

「大調和」がマンダラの理念
ストレスなんて、くれてやれ!

現代書家
岡本　光平

マンダラを私なりに解釈してみましょう。マンダラは密教のもので、いろいろな仏が表わされています。密教は多神教ですから、仏はもちろんのこと、すべてをあるがまま受け入れ、表現されているのです。そこでは害虫と呼ばれる生き物も、存在しなくてはならない理由があり、その理由があるかぎり、誰かの、何かの役に立っているのです。

あるものをあるがままに受け入れる。そのことを表現し、〝大調和〟されている――。それが私が解釈するマンダラの理念です。その大調和を目の当たりにすると、人間そのものはもちろん、その苦しみ、悩み、ストレスといったものも、本当に小さなものにすぎないということがよくわかります。

人の苦しみ、悩みは実は4つしかありません。親子や職場などの人間関係の悩み、病気やケガなどの病の苦しみ、シワができる、足腰が立たなくなるなどの老いの苦しみ、持てる者も持たざる者も抱える死への恐怖、たったこの4つだけです。そういった、とるに足らない苦しみや悩みからくるストレスなんて、「誰かにあげてしまえ!」で、いいでしょう。そのほうが生きることがラクに、楽しくなります。言いたいことを言い、やりたいことをやる。それも大調和しているマンダラのなかに自分が生きているからこそ。できることなのです。

俗に「いい人」と呼ばれる人がいます。それは、「いい人」と呼ぶ人にとって「都合のいい人」のことです。みんながみんな「誰かにとって都合のいい存在」になる必要はないのです。

もちろん、好きなことをやれば、他人から白い眼で見られることもあります。その白い眼は、好きなことをやっている人にストレスを与えるでしょう。しかし、そのストレスを受け入れてしまうからいけないのです。

受け入れられているかどうかなんて、どうでもいいこと。マンダラはそんなすべてのことを内包し、いつも調和している。優劣や差別……それらもあって当たり前のこと。そういったことを超越して存在し、なお肯定しているのがマンダラなのです。

人は死を選べません。選べないことは宿命といいます。生きてこの世にあるかぎり、それ以外のことは選べます。それを運命といいます。宿っている命は選べず、運んでいる命は選べるのです。この宿命と運命は区別して考えたほうがいいでしょう。たとえば、今の日本に、飢餓・戦争はありません。生活保護を受けるくらいの不足感はあっても、飢餓はない。どこでも好きなところに行くことができ、その自由も保証されている、いい時代です。それは運命です。そんなことは日本が誕生して以来、初めてのことでしょう。それなのに現代は閉塞感に包まれているといわれています。しかし、閉塞感はいつだってあるものです。そのなかで選んだ運命、欲に惑わされ、発展しないのが人間なのです。

人は100年ほどしか生きられません。その人生は、長い歴史のなかで、まさに最大のワンチャンスなのです。死ぬときに「生きててよかった」と思う気持ちと、脳裏に浮かぶ情景。それを考えるとき、選んだ運命にケチをつけて、閉塞感に包まれた、などとネガティブなことを言っている暇はないのです。

神戸で阪神・淡路大震災にあった永田耕衣という俳人の遺品展が、姫路で開かれたことがあります。そのなかに、カラカラに乾いたナスが飾ってありました。私はそれを見たとき、負のエネルギーを強く感じました。人間は、ふだんは正のエネルギーにばかり目が行きがちですが、負のエネルギーも強くある。その両面があるからこそ、生きるということはおもしろい。

マンダラは、そうした正と負のエネルギーをも内包して大調和している存在なのです。

Profile

全国最年少の17歳で毎日書道展に入選。独学で古筆、古美術、考古学、民俗学を修め、京都・仁和寺、真言宗密教学院書道講師、東寺発掘調査員。

韓国、中国、ロシア、モンゴル、沖縄、台湾、インドネシア、タイ、カンボジア、ベトナム、ミャンマー、ラオス、ネパール、インドなど、主にアジアをフィールドワークとし、自由な制作活動を展開。2014年、アメリカ・エール大学美術館レクチャーホールにおいて、自身の講演会と書のライブを開催（作品は、エール大学美術館（U.S.A）所蔵）。

CACA現代アート書作家協会特別顧問。

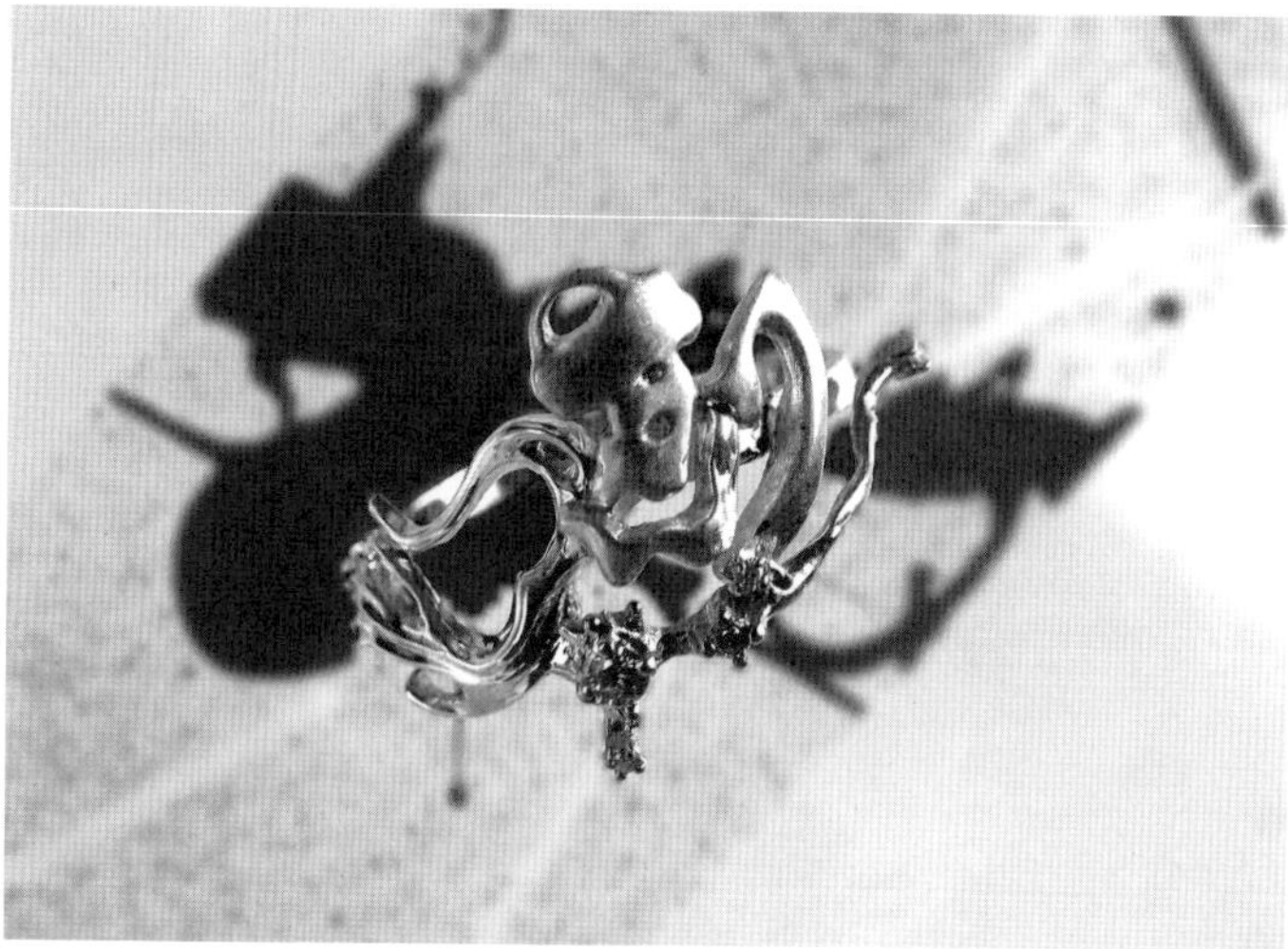

ジュエリーのタイトルと願い⑤

創

創　人生はどの瞬間も無限に創造的です
創は、クリエイトであり、傷でもあります
創は、無邪気な遊びであり、探求への熱意です
創は、自分の力を頼むことであり、他の力にゆだねることです
あなたの人生は、どの瞬間も無限に創造的です

マンダラは願いを叶える最強のツールにもなる!?

さあ、次は、９区画（９マス）にいきます。マスは方便のシンボルでしたよね。

ここには、「タイトル」を実現するための現実的な実行、活動の手段となるものを入れていきましょう。つまり、**あなたの才能や特性**です。

真ん中のマスはあなたへ与えられた愛と願いのプレゼント

真ん中のマスには、あなたの名前を書き入れてください。８マスには、動物、植物、言葉、色など、いろいろなシンボルを自分の才能と重ねてみながら、導きだしたパワー

8マスに入れるシンボル・ワーク

まず、9つに分けたマスの中心のAのところには、あなたの名前を書きましょう。名前は、あなたがご両親からいただいた「愛と願い」のプレゼントであり、与えられたミッションです。つまり、あなたの核になるところです。

そこから、あなたの、夢や才能を探求するシンボル・ワークを始めましょう。中心に名前を書いたら、あとの8つのマスに、8つのワークで、選んだシンボルを書き込んでいきましょう。

さらに、その外側には「動・脱・超・遊」から導きだしたタイトルを入れてみましょう。

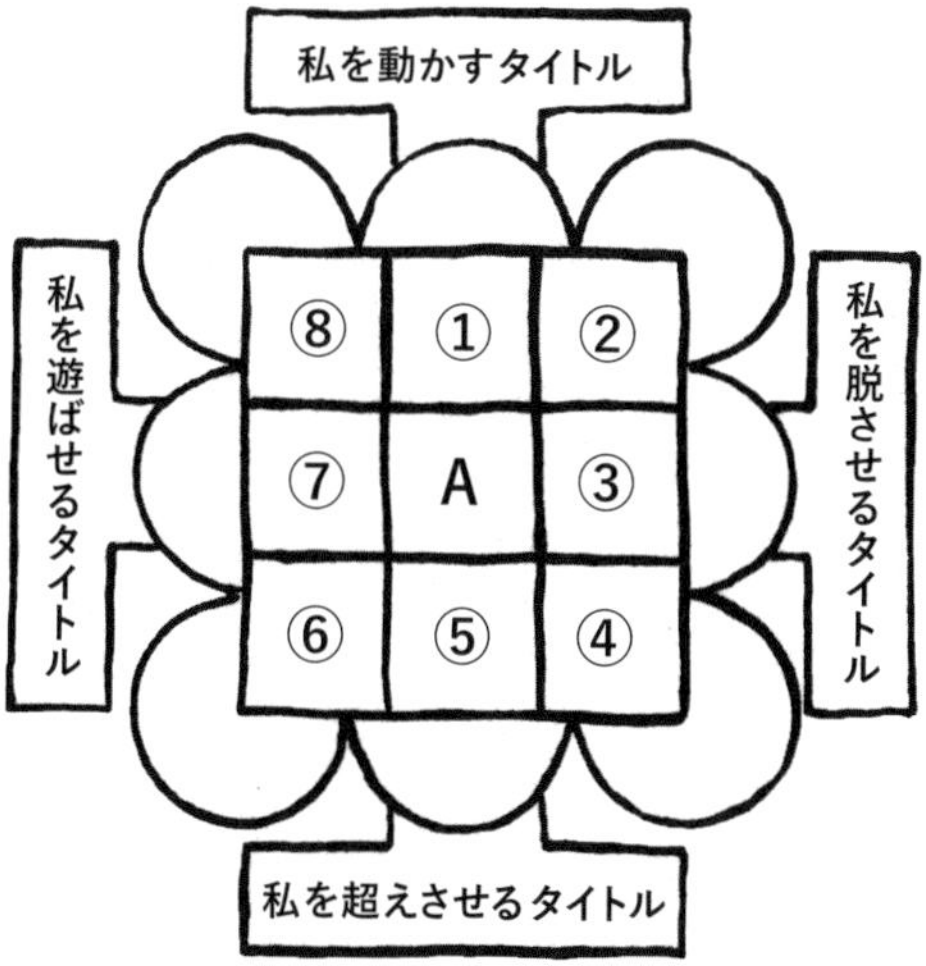

ワードを入れましょう。

さて、次は、マスの上下左右に咲き並ぶ8つの花びらを、じっと見続けてみてください。その部分は、胎蔵界曼荼羅的な花の部分です。

つまり、あなたの「智恵」を示す部分です。それは、**あなたの智恵や優れた才能、特性が、豪華に花開いていくことを示している姿**を示しています。

次ページから紹介するシンボル・ワードで、あなたの選んだシンボルたちが、タイトルと一緒になって豊かに花開き、新しいあなたの世界をつくっていく様子をイメージして楽しんでみましょう。

これは、あなたが選んだ未来。

あなたの心躍る人生が豪華絢爛に花開いていく様が描かれている「**あなたの夢が叶うマンダラ**」なのです。

① あなたの特性のシンボル・ワードは何？

あなたらしさの素質と才能の源である特性を選びましょう！　それを、意識することであなたのパワーも才能もより、大きくなります。

あなたが、強めたい特性は何ですか。

情熱	好奇心	無邪気さ
探検	自信	勇気
解放性	自由	感謝
健康	ビジョン	直観
富	達成	決断
理解	責任感	創造力
多様性	忠実	信念
達成	チームワーク	効率
情熱	知識	信頼
実行力	その他	

その「ワード」を、①のマスの中に書き込んでください

①

花
土
水
火

②自然力のシンボル・ワード

次は自然のシンボル・ワークです。もっと伸ばしたい資質から、マイ・シンボルを囲んでください。

山	挑戦、大きな視野、目標
星	名誉、最高の到達点、希望、導き、高い目標
雷・稲妻	天の声、神、直観、インスピレーション
木・樹木	安定と繁栄、天・地・水の一体、生命力、育つ力、人生
太陽	権威、不動の存在、活力、生命力、圧倒的、正義、栄光、成功、名声
虹	懸け橋、恵、希望、2つの領域をつなぐもの、自己実現、繁栄
海	豊穣の産みの母胎、太母
月	直観力、鋭い感性、清く優しい輝き、成長、再生、休息、浄化
風	動く、運ぶ、新しいものを呼び込むもの・運び手、変化
森	自然の源、賢者、メンター、智慧を学ぶところ
川	流れ、順調
その他	

あなたが惹かれた自然のスピリットは？
ここで選んだワードを②に書き込んでください

②

4 9 2
3 5 7
8 1 6

③動物のシンボル・ワード

なりたい私になるために、この動物のスピリットが私のパワー！　欲しいマイ・シンボルを選んでください。

馬	気品、スピード、力強さ
ワシ・鷹	天意を告げるビジョンの勇者。真実のビジョンを伴って高くも、低くも飛ぶ。天空の王者として、目に見えないものを見る力をもつ
フクロウ	知恵。内なる英知、予言、文武両道の雄
ライオン	太陽の王。強さ、勇気、威厳
ヘビ	永遠のパワーヒーラー。再生、復興、不老不死、お金
オオカミ	内なる荒野のガイド。求道者。威厳・勇気
犬	忠誠、誠実、献身、友愛
虎	森の王、大胆不敵、活力、英雄豪傑
熊	勇気、力
鹿	神からのメッセンジャー、静けさ、平和
蝶	美、変化への導き手、劇的な変容のリーダー、希望と信頼
孔雀	百の眼で知恵を守る慈愛者。どんな毒をも解して再生する力
鯉	難関突破。昇鯉（しょうりと呼んで勝利への過程）
その他	

あなたが惹かれた動物のスピリットは？
ここで選んだワードを③に書き込んでください

③

果樹園	成功
桃	結婚、長寿
リンゴ	知恵
松	繁栄、強さ
常緑樹	永遠性、長寿、持続性
落葉樹	充電期間、新たな成長、再生
クローバー	調和、4つ葉は幸運、5つ葉は金運 6つ葉は名声
スミレ	清楚、可憐
薔薇	美、完璧さ、女性性、喜び、勝利
コスモス	調和、安らぎ、可憐
蓮	調和、精神性、進化、至高
ユリ	謙虚さ、純粋さ
花輪	勝利、勇気
その他	

あなたが惹かれた植物のシンボルは何ですか？
ここで選んだワードを④に書き込んでください

④

④植物のシンボル・ワード

花は、美、愛、祝福、喜び、やさしさのシンボル。自分らしさの個性や魅力を表わします。

花が開くのは、個性の発揮。自己アピールすることも意味します。

シンボルとしての木は、英知。樹木は、天・地に立つ人間そのものを表わします。天・地・海の結合や世界軸、生命の樹で完全な調和を意味します。

シンボルとしての果実は、豊穣、母です。

自分の個性、才能に合う、または、その植物がもつ力であなたが欲しいと感じるものを選んでください。

稲	命の根　豊穣。財産。環境の安定
葡萄の樹	繁栄
オリーブ	豊穣、名誉
イチジク・菩提樹	繁栄、豊穣
雑草、草	生命力、たくましさ
銀杏	幸運、生命力
苗木	才能の芽、将来の希望
桜	豊かさ、生と死
大樹	安定、自己実現、不動心、理想の実現
竹	人生の節目、すっきりした決断
種	未知の分野の才能や可能性

あなたがいま、必要としているキーワードは？

それを表わしている色は？

あなたのシンボル・タイトルは、たとえば「黒の戦士」や「青の哲学者」、「黄色の冒険家」といった表現になります。状況に対して色のパワーを使いましょう！


今、あなたに必要なシンボルカラーは？

ここで選んだワードを⑤に書き込んでください

⑤

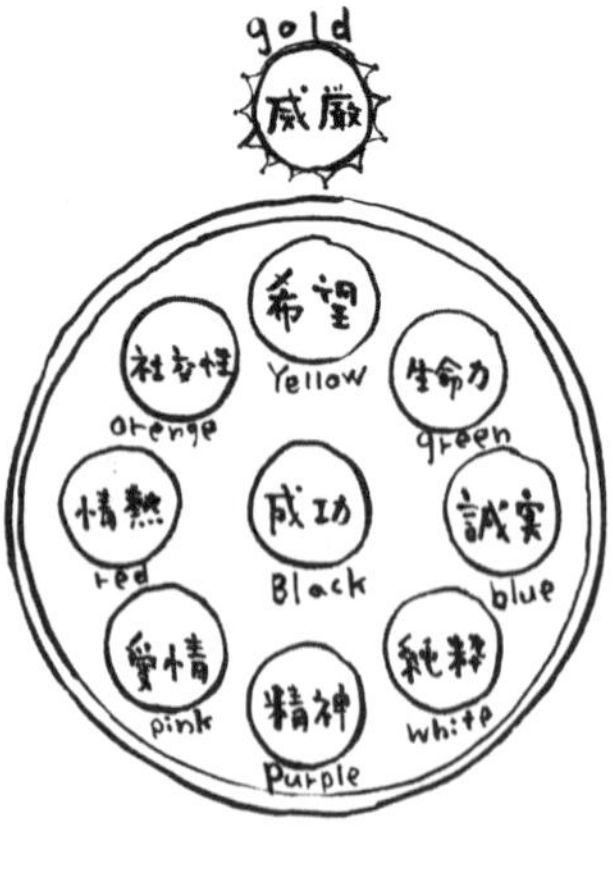

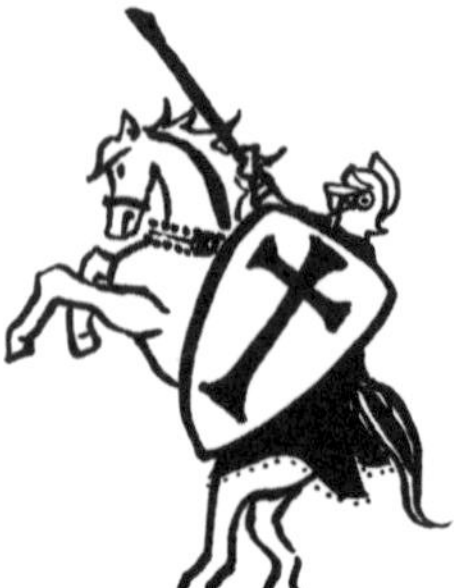

⑤色のパワーを活かすシンボル・ワード

あなたの欲求・願望と対応させて色を活かすワークです。ここでは、「あなたの欲求・願望」を優先させて、その思いに合った色を見つけていきましょう。

威厳がほしいあなたには ——→ **金**

情熱的に行動したいときは ——→ **赤**

社交的に付き合いたいときは ——→ **オレンジ**

共感、愛情の育成のためには ——→ **ピンク**

純粋、超越、安心、不老長寿を願って ——→ **白、パール**

希望、無邪気さを表現したいときは ——→ **黄**

生命力、成長と若さがあふれるあなたは ——→ **緑**

誠実な協力体制で共に発展するには ——→ **青**

精神的充足、創造を求めるあなたは ——→ **紫**

力強い達成、成功を求めているときは ——→ **黒**

その他

あなたの人生を変える武器は何ですか？　この持ち物があなたのミラクルパワー！

王冠	無上の栄誉。最高の地位、権力
ティアラ	女性としての美貌と成功、栄光、恋愛成就
船	航海、幸運、成功、世界、商業
鍵	謎、秘密、未知への知恵、解放
本	知識、知恵、英知
ロウソク	光、ロマンチック、魂
扇	高い地位、変化変容、女性美、恋
鏡	内省、宇宙と自己を反映させるもの。真理
羅針盤	方向を知らせる知恵
剣	力、強さ
結び（水引）リボン	結び合うこと。約束、愛、取引
その他	

どの神秘のパワーを身につけたいか選んでください
ここで選んだワードを⑥-1 に書き込んでください

⑥-1

⑥−1 モノ（武器・アイテム）のシンボル・ワード

旧約聖書「ダビデとゴリアテ」のお話です。小さな弱き小年が、怪物のような巨人ゴリアテに戦いを挑み、勝利した物語。

羊飼いの少年ダビデは、ゴリアテと戦うとき、剣や鎧など、勇者にふさわしい武器を拒否し、いつもの石投げ器を持って川のそばに下り、五つのなめらかな石を拾って袋に入れます。

「さあ来い。おまえの体を鳥やけものに食べさせてやる」

というゴリアテ。ところがダビデはこういいます。

「私はエホバの名前を持って、あなたに立ち向かう！」

ダビデは石投げ器に石を一つ入れ、ゴリアテに力いっぱい投げました。石はゴリアテの頭に命中し、ゴリアテは倒れて死んでしまいました。ここに英雄・勇者「ダビデ」が誕生したのです。

あなたがヒーロー・ヒロインとなるための武器・アイテム・モノは何でしょうか？　ヒントはこの物語にあります。巨人ゴリアテを倒すのに、自分がふだん使っている自分のアイテム・武器を神の名のもとに使ったのです。

⑥－2　形のシンボル

今度はモノ・武器・アイテムのシンボル・ワークから派生して、形のシンボル・ワークを楽しんでやってみましょう。

円　完全性、統一、永遠、宇宙、天界、再生のサイクル。日本語では和も意味するため、和＝輪＝環＝サークル、平和、平等性、一体感、協力のシンボル

正方形　円の対極として、宇宙・天に対する地球、地上。物質的な世界と空間。達成、構造、組織、複合的な秩序

三角　火と水の融合・バランス、力、成功、繁栄

星　導き、運命、希望、理想の姿、スター

五角形
五芒星　5つの要素（5大、5行）を並列的に図案化できる図形。洋の東西を問わず使われてきた魔術・魔除けの呪符の記号と守護のシンボル

六芒星　ダビデの星、籠目文様、魔除けとしても使われている図形

ハート　愛を思うとき、一番に心に思いつくシンボル。愛、思いやり、喜び、感情、道徳、人間の知性、慈善のシンボル

渦巻　生命の循環。万物の活動変転

スパイラル（螺旋）　永遠、継続、成長と進化。

ジグザグ　ひらめき、機転、知恵

その他　その他

いまのあなたのミラクルパワーを強くするシンボル・ワードを選んでください。⑥-1と⑥-2を合わせて考えたワード（たとえば、「円の王冠」など）**が⑥の「形・モノのシンボル・ワード」です。**

⑥-2

ジュエリーのタイトルと願い⑥

愛と美のヴィーナス

自分らしさの表現に躊躇はいらないのです
自分らしい愛し方と行動で、輝く人生を生きればいいのです
そして、自分自身の美しさ、
生命力にどんどん目覚めていきましょう！

天使　天界と人とをつなぐ存在

聖母マリア　慈悲と奇跡と大いなる母

サラスヴァティ　学問と芸術の女神、女神の中の女神、才媛

コノハナサクヤヒメ　繁栄・豊穣

アフロディーテ(ヴィーナス)　恋愛、美、セクシャリティ、優雅さ、生命力

アルテミス　豊かな荒野の自由な狩人、
自信・自由・野生性

不動明王　慈悲ゆえの怒り

ガネーシャ　暴れん坊のお菓子。学問、芸術の神。
ビジネスが得意な実業家の守り神

龍　天子(皇帝)。富貴・出世・大なる成功

鳳凰　仁愛・慈悲、華麗、成長、幸福な富、結婚

ユニコーン　清純、高潔、浄化。すべての対立を統合する力

ペガサス　自由への飛躍。パワーとスピードで状況を
変える力。善の泉で癒す力

フェニックス　死と再生の愛の鳥。傷を癒す涙。復活。
いかなるものも傷つけない。

麒麟　恩恵、善意、聡明、豊穣、仁愛、五徳、名声

その他

あなたの善き友、善き導き手である聖なるものは?
ここで選んだワードを⑦に書き込んでください

⑦

⑦聖なる存在・精霊・聖獣のシンボル・ワード

女神さまや神様、精霊や霊獣たちのパワーをあなたに！　親友としての霊獣たち、導き手としての聖なる存在を選びましょう。

聖なる幻獣・神獣・霊獣の多くは神話に登場し、宗教や芸術の場を棲家としていますが、ときにその場を超え、人間の精神のなかに棲んでいます。聖獣たちはメンターであり、マスターであり、友なのです。龍、鳳凰、ライオン（獅子）、ユニコーンなど好きな聖獣を選びましょう。自分がなりたいもの、ほしいもの、また、助けてもらえるパワー（イメージ・スタイル・言葉、メッセージなど）を、神々や、精霊や霊獣に託しながら進んでいきましょう。あなたの旅は、「聖なる存在・神獣」によって、聖なる力に満ちあふれたものになると確信します。

法王	**規則**	深い絆をつくりたい
恋人たち	**愛**	正しい選択をしたい。 幸運を手にしたい
戦車	**意志力**	がんばる。舵を握りたい。 解決を図りたい
力	**勇気**	結果を出したい。そのためにどんな障害もいとわない
隠者	**内省**	外界の情報を消して、自分ひとりで見つめ直したい。探求し、運命を変えたい
運命の輪	**始まり**	ツキが回ってきてほしい。情報、見通しがほしい。波に乗りたい
正義	**バランス**	感情を表現したい。正当性を認められたい
吊るされた人	**犠牲**	問題や報われない状況から逃れたい
死神	**変化**	変化が起きるのを待ち望む
世界	**成就**	人生のあらゆる分野で成功、完成させたい。願望成就
その他		

あなたの願望とキーワードのリンクするタロットは？
ここで選んだワードを⑧に書き込んでください

⑧

⑧タロット元型のシンボル・ワード

ここでは、タロットを使い、自分の夢とタロット元型の願望を合わせて選んでみましょう。

元型とは、行動、人格、感情、経験、および考えの性質、本質、青写真、あるいは原型です。私たちの個人的、集合的（普遍的）無意識の両方に存在するので、誰でもこれらのシンボルに共鳴できるでしょう。

タロットカードのなかでも、特に元型的タイプのシンボルに自分を重ねてみると、壮大な物語に誘ってくれます。

タロットとキーワード、加えて願望を表現しています。

愚者	**冒険**	周囲の反応や、自分の行動の結果を考えずに、心の声、天の声に応えたい
魔術師	**顕在化**	新しいことを始めたい。 人生の奇跡を企画したい
女教皇	**受信**	自分の知識や理解力、聡明さ、予感が役に立つ機会を待っている
女帝	**豊かさ**	充実させるもので満たしたい。 リラックスを楽しむ
皇帝	**権力**	利益や自分の理想の完成のために、大胆な行動をしたい

ネガティブになりがちなあなたも、マンダラで気分転換

あなたのマンダラができ上がったら、そのマンダラで人生を楽しんでみましょう。

人生のタイトルのキーワードで導き出したタイトルは4つ。それだけで、4つの自分を楽しめるのです。そのマンダラには、相互に関わり合うシンボルやシンボリックな言葉（シンボル・ワード）がちりばめられています。

135ページに載せたアレンジ・マンダラだけでも、4つのタイトル＋9つのシンボルの知恵（あなたの名前に込められたシンボル）＝13の〝生き方のかたち〞があるのです。それは他人に押しつけられたものではなく、自分自身が表現することによって得られた〝**生き方の数**〞といってもいいでしょう。

それは、「困ったときの自分だけの10種類以上の解決のしかた・乗り越え方」「変化のしかたのお手本」があるといってもいいかもしれません。

〝自分だけ〟というところがポイントです。他者には他者の解決のしかた・乗り越え方、成長のしかたがあります。そこに**優劣はなく、ただ、自分が求める姿が提示されているだけ**なのです。

もう人に合わせる必要はありません

人は、どうしてもネガティブになりがちなもの。嫌なことが続いたりすれば、つい気が滅入ってしまうこともあるでしょう。そんなとき、あなたがつくったマンダラに、身を委ねてみましょう。「ライオン」「鹿」「フェニックス」「龍」などのシンボルに身を委ね、気持ちを解き放つのです。

あなたが考えたマンダラには、あなたにとって意味のある考え方が示されています。

それを使うことで、あなたは自分を客観視することができるのです。

たとえ、周囲が認めてくれなくても、無理に合わせることはありません。

安心してください。

「あなたは、あなたのなりたい自分になる」ための模型をつくったのですから。

「あなたのこれからの形」のサンプルをつくったのですから。

マンダラは、本書に取り上げたひとつの図形で完結するものではありません。同じ構造のものが永遠に広がって、あなたの世界をつくっているのです。

ぜひ、マンダラの基本形ができ上がったら、そこから、次のマンダラをつくってみてください。きっと、マンダラづくりが楽しくなるはずです。

たくさんのマンダラをつくるうちに、ネガティブな気持ちも去っていることでしょう。

自分のマンダラに自分を合わせるマンダラ・ライフの勧め

ファッションはいわば見た目です。ですが、内面をわかりやすい形で表しているものです。

ということは、外見を変えることで内面も変わっていきます。同様に、マンダラもファッションのように自分を表現するひとつとして活用することができます。

マンダラに合わせて交流をしてみましょう

たとえば、自分のシンボルに「稲妻」「波」「飛躍」といったシンボル・ワードがあったら、その言葉をイメージさせることを生活に取り入れてみましょう。

シンボルが言いそうな口癖をつぶやいてみる

シンボルというジュエリー、かたちではなく言葉、シンボル・ワードを多用するという考え方もあります。自分のタイトルそのもののほか、シンボルがよく使いそうな言い回し、フレーズを、**口癖**のようにつぶやいてみるのです。

たとえば、穏やかで、ふわっとした印象の女性のマンダラに「トラ」があったとします。穏やかな女性のイメージからすると、「トラ」は真逆に思えますが、何か行動を起こすときなど、あえて「ガオーッ」などど声を掛けてみると、シンボル＝トラに近づくことができます。

このように、シンボルが言いそうな言葉やクセを口にすることで、なりたい自分へとさらにステージアップすることができるようになるのです。

私の尊敬する
シンボルパーソンからの
プレゼントコラム

6

マンダラは「宝地図」明るい未来は「心のトーナメント」でできている

望月 俊孝

私は「宝地図」というものを示しながら、コンサルティングを重ねてきました。宝地図とは、あなたが心から手に入れたい財宝が隠されている地図のこと。宝地図は確実にあなたを財宝のありか、夢の実現、目標達成に導いてくれます。

・明確な目標が描けない（イメージできない）

・やる気や情熱が長続きしない
・努力が成果に比例しない
・努力が苦痛をともなう
・効果が上がらない方法をただ繰り返してしまう
などの壁にぶつかっている人でも、夢の実現に導いてくれるのです。

宝地図のつくり方を簡潔にお教えしましょう。

大きな紙に自分の夢を書き込み、そこにイメージや写真を貼っていきます。それを部屋に飾って毎日眺めるだけ。小出さんが提唱するマンダラの作成と似ていますね。

大事なことは、夢は叶うものだと思い、毎日ワクワクして過ごすこと。そのワクワクを引き出し、行動につなげていくことです。

このワクワク感を持って行動をしてきた人は、自分で勝手にワクワクしてくれます。ワクワクして過ごしていると、彼氏ができる、家が買える、お金が儲かるのです。けれども、ワクワクして過ごしていない人はやる気が後退してしまいます。

そんな人は、次の考え方・思考法を心がけてください。まず、脳のなかでは実は大したことがないと認識していることでも、「やった!」と思ってみるのです。そう思うクセをつければ、何かをやる前から「実現できなさそう」なんて思うことがなくなります。

実は、脳のなかは「イマジネーション（想像力）×アソシエーション（結合力）」でできています。イマジネーション×アソシエーションのどちらかが少しでもマイナスになると、つまらないことが何倍にもつまらなくなってしまいます。反対に、ちょっとでもプラスに考えられることは何倍にも楽しく感じられるのです。

また、明るい未来は、「心のトーナメント」でできていることも知っておいてください。たとえば、年収３００万円の人に、「年収２７０万円の未来と年収３３０万円の未来とどちらがいい？」と聞けば、皆、「年収３３０万円」と答えるでしょう。誰もがそうやって無意識のうちに心のトーナメントを勝ち抜いて、明るい未来に向かっています。

宝地図は、その筋道を示した航海図のようなものです。明るい未来に向かって、イメージや写真をどんどん貼り替えて、ワクワクしていきましょう。

宝地図は、１か月くらいはいつも見えるところに貼っておくことをお勧めします。それくらいの期間、折りに触れて眺めれば、宝地図は潜在意識のなかに入り、長期記憶となります。いろいろなワクワクが心のなかに飛び込み、自分がそのワクワクに引き寄せられるようにもなるのです。

そのときに、何か得体の知れないものが入ってきたり、引き寄せられたりするのはちょっと不安です。そんなときは、そのワクワクにタイトルをつけてみましょう。たとえば、「年に一度だけの海外旅行」ではなく、「毎年恒例の海外旅行！」など、より具体的なものに。それができれば、そのタイトルへの感情移入が起こります。夢への航海が、より確かなものになっていくのです。

Profile

宝地図ナビゲーター。レイキティーチャー。フォトリーディング・インストラクター。イメージトレーニング、成功哲学、瞑想法などを独自に研究。現在、セミナー・通信販売会社・ヴォルテックス代表。日本ヒーリング協会顧問。

マンダラやシンボルはあなたの夢を実現する力が生まれる源泉です

マンダラやシンボルには、これまで述べてきたように、いろいろな効用や楽しみ方があります。しかし、それは結局のところ、あなたの夢を実現するための方法であり、人類共通のルールなのです。

「今の自分」「これからの自分」を楽しみ、いつからでも、どんな状況からでも、「**私は、私のなりたい自分になる**」。それがあなたのやるべきことです。そのことだけは忘れないでくださいね。

シンボルは使い方次第で、あなたの人生の羅針盤になる

シンボルとは、この世をつかさどる、漠然とした大きな神ではありません。あなたの心のうちから生まれ、具象化したものです。

そのため、日頃からシンボルを意識するために、左ページのような「シンボルからのメッセージカード」を書いておくといいでしょう。シンボルを通した自分の心構え、選択の基準をカードに示しておくのです。

シンボルは、まさにあなただけの羅針盤です。使い方はあなた次第。ぜひこのメッセージカードを活用して、思い通りの人生を引き寄せましょう。

シンボルとは、私の夢への引き寄せの磁石

シンボルは私を支え、守り、導くアイテム

シンボル発見とは、私の才能発見である

シンボル発掘とは、「聖なる力」の発掘

シンボルとは、神秘を受けとるということ

シンボルとは、幸福・成功領域へのショートカット

シンボルとは、自分発見の鍵である

シンボルとは、自分開発のツールである

シンボルとは、私のビジョンの見える鏡である

シンボルとは、私の理想像という先導者である

シンボルを持つことは、私の物語の作り手になること

シンボルとは、内なる自己の願望へのナビゲーター

シンボルとは、私の「なりたい・やってみたい」の見本集である

シンボルとは、私が愛されるべき者であるという印である

シンボルとは、私が勇気ある者であるという印である

シンボルとは、全てが弱きものであり、強き者であるという印である

シンボルとは、全てのものが繋がっているという印である

シンボルとは、思いどおりの人生を引き寄せる、私だけの羅針盤である

シンボルは夢を守り
あなたを導くアイテム

シンボルに導かれるまま自分で行動し、選んでいけば確実に夢に近づいていきます。果てしない努力が必要なことも、着実に努力を積み上げていくことができ、どうしたらよいかわからなくなったときも、最初の一歩を踏み出すことができるのです。

そう考えると、シンボルはあなたの夢を大事に守ってくれる守護神のような存在であり、夢の実現へと導いてくれる羅針盤のようなアイテムと考えることができます。

コンサルティングを受けられた方には、「事業が成功した」と言う人や「最良のパートナーが見つかった」と言う人もいます。

「離婚することになったけれど、不思議と心は晴れていた」と言う人もいます。

それらはすべて、神のご加護ではありません。仏のご慈悲でもありません。**あなたの心のうちから描かれたシンボルの導き**といってもいいでしょう。

自分という存在を客観視できたこと、自分を明確にできたこと、自分の考え方をはっきりさせたこと、そういうことができた**自分の選択に覚悟**したからこそ、実現できたことなのです。

おわりに

人生を、もっと面白くしたい！
今より、もっと自分らしい人生に変えていきたい！
私は、〝私がなりたい自分〟になる
自分の心の底から湧き上がるその声に応えようとしている人たちを見ると、その人のパッションにふぅーっと風を吹き込み、魂に小さな灯を起こしながら、それぞれの「展望ビジョン」「人生デザイン」「シンボル像」を考えるのが、私の好きな仕事＝ミッションです。

自分の才能を見つける作業は、自分にしかできません。
自分の人生を変えるのも、自分しかできません。
けれども、自分のことを自分が一番知っているかと言えば、実はそうでもないのです。

今までご縁をいただいた方や、私自身の性格を振り返ってみてると、人は自分を過小評価する傾向が強いなと感じます。本当は1人ひとり個性・能力が違うのに、一般の評価に当てはめるなんて、ナンセンスだなぁと。

みんな1人ひとり〝すごい〟のです。だから、あなたの芯、核、コアとなる部分に気づき、価値と能力を信じてください。

私の仕事であるマイシンボル・コンサルタントは、『すごい自分』の発見、変化・進化を、**シンボルというカギを使って発掘**することです。

コンサルタントとして、また、自分発見デザイナーとしての私にできることは、微々たること。ですが、その微々たることが、私にとっては楽しく、そして嬉しくてたまらないのです。なぜなら、あなたの貴重な瞬間の、一番はじめの目撃者でいられるのですから。

私は、過小評価しがちなあなたの見えていない、見ようとしていない魅力を写し出す鏡になり、あなたの夢、意思を反射させて、増幅するレンズ鏡でありたいと思っています。

眠り姫は起きなくてはならないし、シンデレラは可哀そうなお手伝い係を辞めなければなりません。

現代の眠り姫は、起きなければいけないときは、自分で目を覚まします。同様に、現代のシンデレラも、ただ王子さまを待つだけでなく、人に夢や希望を与えるリーダーになります。

これが、**おとぎ話を超えた、現代のおとぎ話。**そしてこれが、『すごいあなた』なのです。

あなたの望みは、間違っていません。
あなたの夢は、もっと大きくていい。

その**物語の脚本を書き、演出をし、主役として舞台に立つのは、あなた**です。私は、舞台に立つあなたのお手伝い係です。

実は、私も以前は自信がなくて、自分が何かをできる人だとは思っていませんでした。でも、シンボルに出合って変わりました。

あなたの気持ちひとつでどんな自分にもなれる「シンボル」。この不思議な魔力とパワーを持つシンボルを、どうか自分のものにし、思い通りの人生を歩んでほしいと心の底から思います。

最後に、タイトルマジックとシンボルマジックで、自分のパワーをデザインしましょう。

あなたは誰？

あなたの幸せは何？

あなたはどこに行きたいの？

あなたはどうやって行く？

あなたの夢はいつ実現するの？

それは、あなたと宇宙のベストなタイミングのとき。心配はいりません。私たちは、生まれつき自分の夢を叶えられるよう生まれてくるのです。

「動・脱・超・遊」という呪文のようなタイトルを持つあなたはすごいのです。

シンボルパワーを身につけているあなたはすごいのです。

マンダラパワーで宇宙とコラボするあなたはすごいのです。どこまでも、**心躍る「すごいあなたの旅」を楽しんでください。**

小出　直子

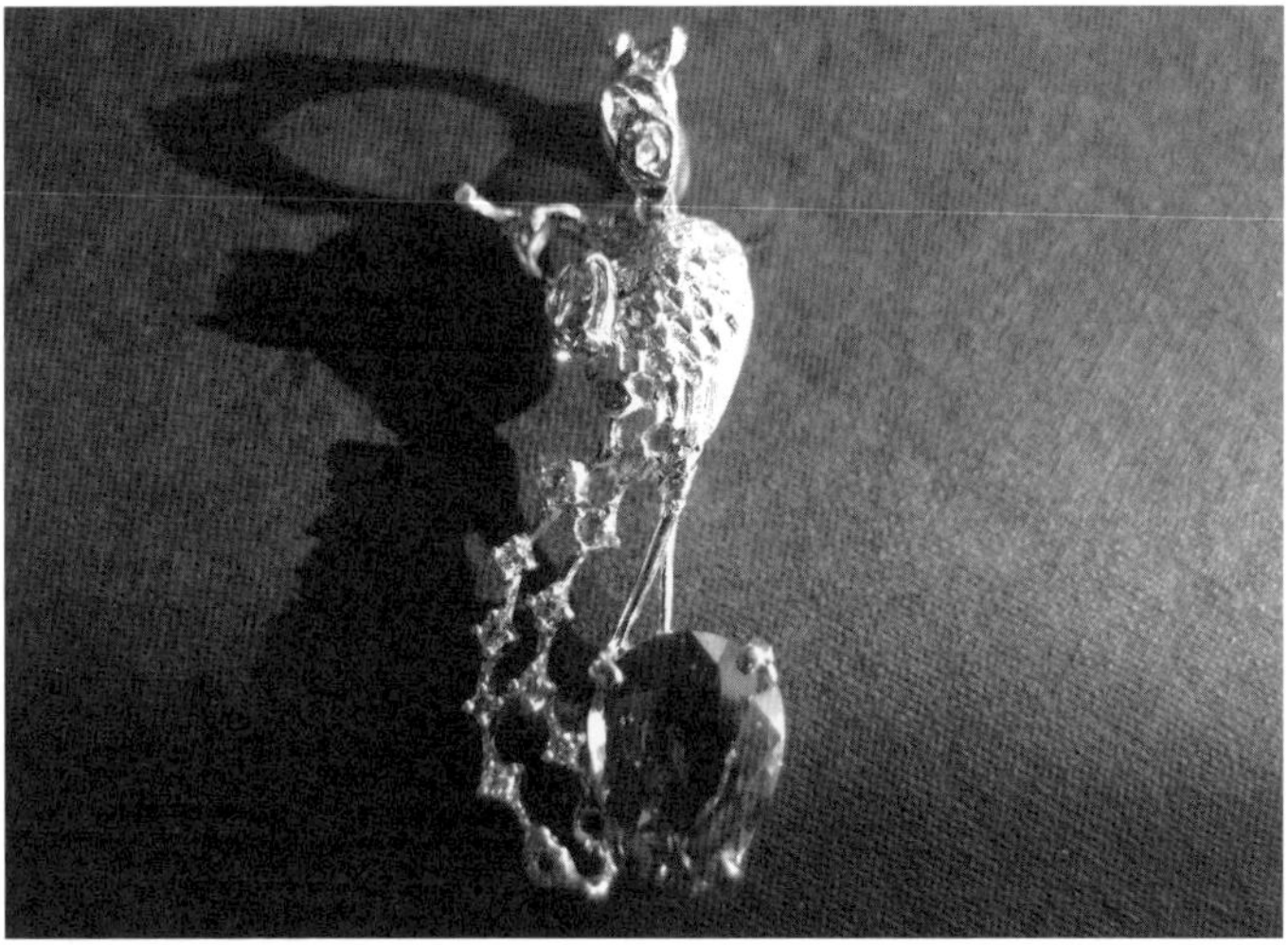

ジュエリーのタイトルと願い⑦

富と九徳の孔雀

真の富は徳とともに築かれていく
孔雀は、真の目的地に連れて行く人生の乗りもの
孔雀は百の眼であなたを導き、守護するもの

九層の塔も、ひと箱の土から建ちあがり、千里の道も一歩から始まるように
真の富は徳とともに築かれていく
九徳の孔雀よ、美しき友であれ！　導くものであれ！

私たちのタイトル

本の中にいくつか写真を載せていますが、シンボルジュエリーの一部も参考にしてください。

新世界へ誘う天空の鷹

限界を外そうぜ！
友よ、共に、いざ、天空を見つめて
自分の全部、まるごと愛そう。自分は宝樹

クリエイティブをシェアする私は、
日本文化を発信する

栄光のファイブスター
俺は簡単には屈しない

虹を生み出すのは涙という水と太陽

最高人生。合掌の力

優しきハートを持つ龍の5本爪
「5徳のパワーリーダー」

成功への道を走る守破離の虎

私は天女
宇宙からの愛の手紙を届ける天衣（あい）の蝶

俺の成功の旅には「コイン」と「剣」を携えて行く。
幸運だけには頼らない

私たちのタイトル

九徳の孔雀は友として、
私の人生は深く、高く、大きくなる
　自分に微笑むと、美と輝きは大きくなる
　喜び、生命力に満ちて生きる

私は、扇。自由自在に、形を変える。
縛られないから美しくいられる

私は、智慧の光のシャンデリア

私はあなたの夢の見守り人。
やりたいことをやりなさい

進化する私は自由なる蝶

私は「笑い」の達人。
無限大の繁栄と人脈を咲かせあう

WITH　共に咲く薔薇園

私は、WISDOM's　WING　賢者の翼
叡知の世界へ旅をする

美と最善を追求するのが私の幸福

天と大地を結ぶサンダーマン
豊かに実ればお祭りだ！

Profile

小出直子
マイ・シンボルコンサルタント

長年、デザイナー、イベントプロデューサー、アートコーディネーターとしてさまざまな分野で活躍。ダライ・ラマ法王の迎賓イベントでは、チベット音楽プロデュースの大役を果たす。総合プロデュースを手掛けるジュエリー・ブランド「Ms　GOD」は、芸術性・スピリチュアル性・引き寄せをベースにしたシンボル・アート・ジュエリー。経営者やスポーツ選手、政財界など、各界著名人にも愛用者が多い。アメリカ・ニューヨークの「The NIPPON CLUB」にて講演会に招聘《しょうへい》される。多くの人に「自分の才能に気づき、自分を楽しく変えながら、素晴らしい人生を切りひらく」サポートをしている。
2018 ミス・ユニバース・ジャパン鹿児島大会オフィシャルトレーナー。
Ms GOD ホームページ　http://www.ms-god.com/

自分にタイトルをつけるだけでステージがあがる
2018 年 5 月 12 日　初版第 1 刷

著者　小出直子
発行人　松﨑義行
発行　みらいパブリッシング
東京都杉並区高円寺南 4-26-5 YS ビル 3F 〒 166-0003
TEL 03-5913-8611 FAX 03-5913-8011
http://miraipub.jp　E-mail:info@miraipub.jp
発売　星雲社
東京都文京区水道 1-3-30 〒 112-0005
TEL 03-3868-3275 FAX 03-3868-6588
表紙絵・挿画　鈴木麻友
編集　諸井和美
編集協力　菱田秀則
企画協力　J ディスカヴァー
装幀　堀川さゆり
印刷・製本　株式会社上野印刷所
落丁・乱丁本は弊社宛にお送りください。送料弊社負担でお取り替えいたします。

ISBN978-4-434-24552-7

動

私のステージがあがる魔法のカード

マンダラ・マントラ「動・脱・超・遊」を唱《とな》えて運を上げましょう
タイトル・アファメーションで癒《いや》しとステージUPを図りましょう

私は水　流れに乗って、
新しい力を手にいれる

私は冒険　動けば、変化と
成長が始まります

私は進む

祈って、願って、進む。
物事とは、単純に進んでいく

私は喜び

日常の中に、
多くの笑いと、喜びをもたらそう

脱

私は役者

この世は舞台。何度も登場できる

私はスピード

わずらいは捨てる。振り返らない

私は羽根

手放し、任せて、飛ぶ

私は炎

挑戦し、探求すれば
人生は面白く燃える

超

お財布や手帳に入れて、お守りがわりに持ち歩きましょう
肌身離さず持ち歩けば、次第に道が切り開かれてゆきます

私は宇宙の童

守られ、愛され、与えられている

私は可能性

超える。超える。まだ見ぬ世界へ

私は錬金術師

強く望めば
宇宙がサポートするのを知っている

私は聖なる力

どんな時にも輝きを生きる

遊

私は磁石

奇跡を引き寄せる

私は健康

癒しのスペースに満ちている

私は充足

すべて持っている。ありがとう

私は風

願望の運び手。
豊かさの運び手